KOCHBUCH FÜR TEENAGER

Alina Wünsche

FUßBALL EDITION **EM 2024** **IN FARBE**

24 Länder
72 Gerichte

Genussvolle Snack-Ideen und erfrischende Drinks für Fußballbegeisterte, einfach und schnell gemacht

Inhaltsverzeichnis

Zeit zu snacken!
Ein kurzes Vorwort

90 Minuten voller Leidenschaft, 90 Minuten voller Stimmungs- und Richtungswechsel, 90 Minuten, in denen alles und nichts passieren kann. Gerade zur EM, wenn es um den großen Titel geht, schlägt das Herz eines Fußballfans höher und höher. Um das Ereignis zu jedem Spiel gebührend zu zelebrieren, bietet dir dieses Kochbuch eine Reise quer durch Europa. Koche die Rezepte der EM-Anwärter ganz einfach nach und sorge zu jedem Spiel für unvergessliche Genussmomente.

Ich biete dir pro Land jeweils eine Hauptspeise, ein Dessert und ein Getränk – natürlich typisch für das jeweilige Land. So wirst du nicht nur das Spiel unvergesslich gestalten, sondern auch internationale Küchen entdecken. Vielleicht befindet sich darunter auch dein neues Lieblingsgericht oder -getränk. Wer weiß.

Natürlich sind die Rezepte nicht nur für die Spieltage geeignet, sondern können dich das ganze Jahr über erfolgreich begleiten. Lasse dich durch die EM-Länder treiben und entdecke neue Küchen und neue Geschmäcker. Da schindest du sicher auch bei deinen Freunden mächtig Eindruck.

Lass uns nicht lange um den heißen Brei quatschen, sondern die kulinarische Reise starten und eine ereignisreiche EM genießen. Auf viele Tore, spannende Partien und leckere Speisen und Getränke!

Gut ausgerüstet Grundausstattung und Maßeinheiten

Wichtige Küchenutensilien

Kochgeschirr

Pfannen und Töpfe sind unverzichtbar beim Kochen. Sie werden ständig gebraucht, sei es zum Kochen oder Braten, und sollten in keiner Küche fehlen. Es gibt sie in verschiedenen Materialien und Größen.

Schüsseln

Schüsseln sind wichtig zum Vermengen von Zutaten, besonders beim Backen. Schüsseln in verschiedenen Größen erleichtern das Kochen und Backen - und wer nascht nicht gerne von ihnen?

Messer und Schneidebretter

Ein scharfes Kochmesser ist ein Muss in jeder Küche. Ein Schneidebrett bietet eine sichere Unterlage und kann aus Holz, Glas oder Kunststoff sein.

Kochutensilien

Kochlöffel, Rührbesen und Pfannenwender sind unverzichtbare Helfer beim Umrühren und Wenden von Lebensmitteln. Sie sind in Kunststoff, Metall und Holz erhältlich.

Gemüseschäler

Ein Gemüseschäler erleichtert das Entfernen der Schale von Kartoffeln und anderem Gemüse und erspart mühsames Schälen mit einem Messer.

Mixer

Ein Mixer ist in vielen Küchen unverzichtbar, um Lebensmittel zu pürieren und zu einer glatten Masse zu verarbeiten.

Messwerkzeuge

Eine Küchenwaage und Messbecher sind notwendig, um Lebensmittel genau abzuwiegen und zu messen. Eine präzise Messung trägt zum Erfolg des Gerichts bei.

Nudelholz und Sieb

Ein Nudelholz ist unverzichtbar für die Zubereitung von Pizzateig. Ein Sieb wird verwendet, um überschüssiges Nudelwasser abzutropfen und Lebensmittel zu sieben.

Backformen und Auflaufformen

Passende Formen für den Ofen sind essentiell für Kuchen, Gratin, Aufläufe oder Muffins. Sie sind in verschiedenen Formen und Größen erhältlich, ebenso wie Backbleche, die für viele Gerichte benötigt werden.

Mengenangaben

Pck. = Packung

Bd. = Bund

St = Stück

g = Gramm

kg = Kilogramm = 1.000 g

ml = Milliliter

cl = Zentiliter = 10 ml

l = Liter = 1.000 ml

Msp. = Messerspitze

Spr. = Spritzer

TL = Teelöffel = 5 ml

EL = Esslöffel = 15 ml

n.B. = nach Belieben/ nach Bedarf

Kulinarische Kniffe vom Expertenteam

Wann und wie viel würzen?

Das Würzen ist von entscheidender Bedeutung beim Kochen und Backen. Neben der Menge spielt auch der Zeitpunkt eine wichtige Rolle. Grundsätzlich solltest du immer zuerst deine Speisen probieren, bevor du würzt. Nachwürzen ist jederzeit möglich, aber das Retten einer überwürzten Suppe kann schon schwieriger sein.

Salz und Pfeffer sind fast immer dabei, frische Kräuter werden oft gegen Ende hinzugefügt. Sei mutig und probiere neue Gewürze aus! Sie bringen eine Vielfalt an Geschmack und verwandeln sogar scheinbar einfache Gerichte in kulinarische Meisterwerke!

Ölkunde – was wofür?

Olivenöl
- Braten von Gemüse, Fleisch und Fisch
- Schmoren
- Salatdressings
- Dips

Rapsöl
- Braten
- Backen
- Frittieren

Kokosöl
- Braten bei mittlerer Hitze

- Backen von Desserts
- Hinzufügen des Kokosgeschmacks

Sonnenblumenöl
- Braten bei mittlerer Hitze
- Backen
- Dressings

Erdnussöl

- Braten bei hoher Hitze
- Frittieren
- für asiatische Gerichte

Sesamöl

- für asiatische Gerichte
- für Wok-Gerichte
- Dressings
- Marinaden

Traubenkernöl

- Braten
- Grillen
- Backen
- Salatdressings

Maisöl

- Braten
- Frittieren
- Backen

Avocadoöl

- Braten
- Grillen
- Backen
- Salatdressings

Walnussöl

- Salatdressings
- Verfeinern von Desserts und Gemüsegerichten
- NICHT zum Braten geeignet

Saisonales Gemüse - immer verfügbar?

Nicht jedes Gemüse ist das ganze Jahr über verfügbar. Einige Blattgemüse wie Mangold und Spinat sind eher im Frühling und Herbst erhältlich, ebenso wie Brokkoli und Blumenkohl. Zucchini und Auberginen reifen normalerweise im Sommer und Herbst. Im Herbst und Winter sind Kürbisse erhältlich, besonders zu Halloween. Auch Tomaten und Erdbeeren sind nicht das ganze Jahr über verfügbar. Erdbeeren sind im Frühsommer am süßesten und reifsten, während Tomaten eher im Sommer und Herbst erhältlich sind.

Tipp: Für viele Sorten gibt es TK- und Konservenvarianten. Wenn du regional essen möchtest, vermeide den Kauf außerhalb der Saison, da sie oft weite Wege zurücklegen müssen.

Soßen: Die Geheimwaffe in der Küche

Die richtige Soße kann ein einfaches Gericht in etwas Außergewöhnliches verwandeln. In diesem Abschnitt werde ich vier Grundsoßen vorstellen, die sich vielseitig kombinieren lassen. Natürlich kannst du auch deine eigene Kreationen ausprobieren.

Wusstest du schon? Die Kombination von Ketchup und Mayonnaise ergibt die beliebteste Burger-Soße der Welt - auch wenn sie nicht unbedingt die gesündeste ist!

TOMATENSOßE

Zutaten

- 2 EL Olivenöl
- 1 Zwiebel (gewürfelt)
- 2 Knoblauchzehen
  (gehackt)
- 1 Dose (400 g)
  Tomatenwürfel
- 1 TL Zucker
- 1 TL getrocknetes
  Basilikum oder Oregano
- Salz, Pfeffer

Zubereitung

Das Olivenöl in einem Topf erhitzen und die Zwiebel und den Knoblauch darin anschwitzen, bis sie weich sind.

Die Tomatenwürfel, Zucker, getrocknete Kräuter, Salz und Pfeffer hinzufügen. Zum Kochen bringen und dann bei niedriger Hitze etwa 20–30 Minuten köcheln lassen, bis die Soße eingedickt ist.

 Für Pizza, Pasta, Lasagne und viele weitere italienische Gerichte ist die Tomatensoße ein wahrer Segen!

BÉCHAMELSOßE

Zutaten

- 2 EL Butter
- 2 EL Mehl
- 2 Tassen Milch
- Salz, Pfeffer und
  Muskatnuss

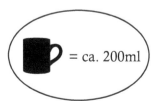 = ca. 200ml

Zubereitung

In einem Topf die Butter schmelzen und das Mehl einrühren, bis es goldbraun ist.

Schrittweise die Milch unter ständigem Rühren hinzufügen, bis die Soße eindickt. Dabei darauf achten, dass keine Klumpen entstehen.

Mit Salz, Pfeffer und Muskatnuss abschmecken.

 Mac'n'Cheese, Lasagne, Gratin sowie Gemüseaufläufe profitieren von einer leckeren Béchamelsoße. Probiere es gern einmal aus!

PESTO

Zutaten

- 2 Tassen frisches
  Basilikum
- 0,5 Tasse geröstete
  Pinienkerne
- 0,5 Tasse geriebener
  Parmesan
- 2 Knoblauchzehen
- 50-70 ml Olivenöl
- 0,5 Zitrone (Saft)
- Salz, Pfeffer

Zubereitung

Alle Zutaten in einem Mixer oder einer Küchenmaschine zu einer glatten Paste verarbeiten.

 Wer liebt es nicht? Ein gutes Pesto. Rotes oder auch grünes Pesto kann über Pasta oder auch als Marinade für Gemüse und Fleisch verwendet werden. Auch

KNOBLAUCHBUTTER-SOßE

Zutaten

- 0,5 Tasse ungesalzene
  Butter
- 4 Knoblauchzehen
  (gehackt)
- 2 EL gehackte Petersilie
- 0,5 Zitrone (Saft)
- Salz, Pfeffer

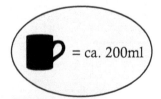 = ca. 200ml

Zubereitung

Die Butter in einer Pfanne schmelzen und den gehackten Knoblauch darin anbraten, bis er duftet, aber nicht braun wird.

Die gehackte Petersilie, den Zitronensaft, Salz und Pfeffer hinzufügen und gut vermengen.

 Ob Garnelen, Pasta, gegrilltes Fleisch oder Gemüse – die Knoblauchbutter-Soße ist vielseitig und lässt sich mit vielen großartigen Gerichten

REZEPTE

Nun geht es direkt an die Rezepte. Für jedes Land stelle ich dir eine typische Hauptspeise, ein Dessert und ein Getränk vor. Da immer zwei Länder gegeneinander spielen, hast du die Möglichkeit, aus jeweils zwei Optionen zu wählen. Und natürlich musst du nicht Hauptspeise, Dessert und Getränke auftischen. Manchmal tuts auch ein Eis oder eine Cola. Du entscheidest selbst.

Alle Rezepte sind für zwei Personen ausgelegt. Die Nährwerte wurden als Richtwert für jeweils eine Person angegeben. Diese variieren natürlich noch etwas, da nicht alle Lebensmittel dieselben Nährwerte mitbringen und auch die Mengen variieren können. Doch sie dienen als gute Orientierung.

Lass dich auf den kommenden Seiten inspirieren und erlebe deine EM-Stars und Favoriten-Länder von einer völlig neuen Seite. Lass uns direkt reinstarten!

 Zuatenliste  **2 Portionen** **pro Rezept**
Nährwertangaben **1 Portion** **pro Rezept**

ALBANIEN

BYREK ME SPINAQ (BÖREK MIT SPINAT)

Zutaten

- 4 Blätter Yufka-Teig
  (alternativ Filoteig)
- 200 g frischer Spinat
- 100 g Feta
- 1 kleine Zwiebel
- 2 EL Olivenöl
- Salz, Pfeffer
- Optional: 1 Ei zum
  Bestreichen

Zubereitung

Heize deinen Backofen auf 180 Grad Ober- und Unterhitze vor und fette deine Backform leicht ein.

Erhitze das Öl in einer Pfanne und hacke die Zwiebel. Schwitze sie für etwa zwei bis drei Minuten leicht an, bis sie goldbraun und weich ist.

Füge den gehackten Spinat hinzu und koche das Ganze für etwa fünf Minuten unter gelegentlichem Rühren, bis der Spinat zerfällt und das enthaltene Wasser verdunstet ist. Salzen und pfeffern.

Nimm die Pfanne vom Herd und gib den zerbröselten Feta zum Spinat hinzu. Er sollte leicht schmelzen.

Platziere eine Hälfte des Yufka-Teigs in die gefettete Backform. Verteile die Spinat-Feta-Mischung gleichmäßig auf dem Teig.

Decke die Füllung mit der zweiten Hälfte des Teiges zu und verschließe die Ränder gut miteinander. Tipp: Optional kannst du den Teig mit Ei bepinseln, damit er schön knusprig golden wird.

Backe die Byreks für etwa 25 bis 30 Minuten aus, bis sie goldbraun und schön knusprig sind.

Nimm die Backform aus dem Ofen, lasse dein Gericht etwas abkühlen und schneide es anschließend zum Servieren in Stücke. Guten Appetit!

Nährwerte

Kalorien: 350-370 kcal
Fette: 20-22 g
Kohlenhydrate: 28-30 g
Proteine: 14-16 g

Erste Länderspiele: Albanien bestritt sein erstes Länderspiel am 7. Oktober 1946 gegen Jugoslawien, das mit 2:0 verloren wurde.

Größte Erfolge: Albanien qualifizierte sich erstmals für die Europameisterschaft 2016 in Frankreich, wo sie das Achtelfinale erreichten, nachdem sie in der Gruppenphase unter anderem gegen Rumänien gewonnen hatten.

Rekordspieler: Lorik Cana ist einer der bekanntesten Spieler und Rekordnationalspieler Albaniens. Er bestritt über 90 Länderspiele für sein Land.

Rekordtorschütze: Erjon Bogdani ist Albaniens Rekordtorschütze. Er erzielte über 20 Tore für die Nationalmannschaft.

Größte Siege: Einer der größten Siege der albanischen Nationalmannschaft war ein 6:0-Sieg gegen Malta im Jahr 2014.

Trainerlegende: Gianni De Biasi war von 2011 bis 2017 Trainer der albanischen Nationalmannschaft und führte das Team zur historischen Qualifikation für die EM 2016.

TRILEÇE (MILCHKUCHEN)

Zutaten

Kuchen:
- 4 Eier
- 150 g Zucker
- 150 g Mehl
- 1 TL Backpulver
- 1 TL Vanilleextrakt
- 200 ml Milch

Milchbad:
- 400 ml Kondensmilch
- 400 ml Milch

Topping:
- 200 ml Sahne
- 1 EL Puderzucker
- Optional: Vanilleextrakt

Zubereitung

Heize deinen Backofen auf 180 Grad Ober- und Unterhitze vor. Fette eine Backform ein und bemehle sie etwas.

Schlage die Eier mit dem Zucker schaumig, beispielsweise mit einem Rührgerät, und füge dann den Vanilleextrakt hinzu.

Siebe das Mehl und das Backpulver und hebe es anschließend vorsichtig unter die Ei-Zucker-Mischung. Nach und nach die Milch hinzufügen und alles zu einem glatten Teig verrühren.

Gieße den Teig gleichmäßig in die Backform ein und streiche ihn glatt. Backe ihn anschließend für etwa 25 bis 30 Minuten aus, bis der Kuchen goldbraun ist und sich insgesamt fest anfühlt.

Bereite das Milchbad vor, während der Kuchen noch am Backen ist. Dafür einfach Kondensmilch und Milch miteinander verrühren, bis beide Komponenten gut vermischt sind.

Stich den fertigen, noch heißen Kuchen mit einer Gabel oder einem Zahnstocher mehrfach an der gesamten Oberfläche ein und gieße das Milchbad gleichmäßig darüber. Abkühlen lassen.

Für das Topping schlägst du die Sahne steif und fügst Puderzucker und nach Belieben Vanilleextrakt hinzu. Dann über den abgekühlten Kuchen streichen.

Damit alles gut durchziehen kann, kommt der Milchkuchen für mindestens zwei Stunden in den Kühlschrank.

In Quadrate schneiden und zu einer spannenden Partie Fußball genießen.

Nährwerte

Kalorien: 370-390 kcal
Fette: 20-22 g
Kohlenhydrate: 45-47 g
Proteine: 7-8 g

Rekorde aus der Welt des Fußballs

Die meisten Tore in einem einzigen Copa América-Spiel: Argentinien besiegte Ecuador 12:0 in einem Copa América-Spiel 1942.

Die längste Serie ungeschlagener Spiele: Spanien blieb zwischen 2006 und 2009 35 Spiele lang ungeschlagen.

Meiste Tore in einem Kalenderjahr von einem Spieler in internationalen Spielen: Lionel Messi erzielte 91 Tore im Jahr 2012 für Argentinien.

Längste Serie ohne Gegentor in einem internationalen Wettbewerb: Italien blieb bei der Weltmeisterschaft 2006 insgesamt 5 Spiele lang ohne Gegentor.

Höchster Sieg in einem WM-Finale: Brasilien besiegte Schweden 5:2 im Finale der Weltmeisterschaft 1958.

Meiste WM-Teilnahmen: Brasilien hat an allen 21 Weltmeisterschaften teilgenommen.

DHALLË (ALBANISCHER AYRAN)

Zutaten

- 500 ml Joghurt
  (griechischer Joghurt
  oder Joghurt mit
  hohem Fettgehalt)
- 250 ml Wasser
- 1 Prise Salz

Zubereitung

Gib den Joghurt in eine große Schüssel und rühre ihn glatt, um alle Klumpen zu lösen.

Füge das Wasser langsam zum Joghurt hinzu und verrühre alles miteinander, bis du eine gleichmäßige Konsistenz erzielst.

Gib die Prise Salz dazu und rühre nochmals gut um.

Stelle den Dhallë in den Kühlschrank und serviere ihn kühl – gern auch mit Eiswürfeln.

Nährwerte

Kalorien: 90-100 kcal

Fette: 3-4 g

Kohlenhydrate: 5-6 g

Proteine: 6-7 g

BELGIEN

CHICONS AU GRATIN (SCHINKEN-RÖLLCHEN)

Zutaten

- 4 Chicorée (Endivien)
- 4 Scheiben Schinken
- 50 g Butter
- 50 g Mehl
- 300 ml Milch
- 100 g geriebener Käse
- Salz, Pfeffer
- Semmelbrösel zum Bestreuen
- Optional: Muskatnuss

Nährwerte

Kalorien: 330-350 kcal
Fette: 23-25 g
Kohlenhydrate: 17-19 g
Eiweiß: 12-14 g

Zubereitung

Heize deinen Backofen auf 180 Grad Ober- und Unterhitze vor.

Putze den Chicorée und entferne die bitteren Strunken.

Halbiere die Endivien und koche sie in leicht gesalzenem Wasser für circa zehn Minuten, bis sie zart sind. Abtropfen lassen und in eine Auflaufform legen.

Erhitze die Butter in einem Topf und lasse sie schmelzen. Füge das Mehl hinzu und schwitze es unter ständigem Rühren an, bis eine gleichmäßige Masse entsteht.

Gib schrittweise die Milch hinzu. Permanent rühren. Es sollte in diesem Schritt eine glatte Soße entstehen.

Lass die Soße für etwa fünf Minuten köcheln, bis sie etwas eindickt. Dann den geriebenen Käse hinzugeben und schmelzen lassen. Salzen, pfeffern und nach Belieben mit Muskatnuss verfeinern.

Wickel den Chicorée in den Schinken ein. Gieße die Käse-Soße über den Chicorée und bestreue das Gericht mit den Semmelbröseln.

Etwa 15 bis 20 Minuten backen lassen, bis der Käse goldbraun ist und die Soße blubbert.

Direkt servieren und ein heißes Match mit passendem Essen genießen!

Erste Länderspiele: Belgien bestritt sein erstes offizielles Länderspiel am 1. Mai 1904 gegen Frankreich, das mit 3:3 endete.

Größte Erfolge: Belgien hat eine reiche Fußballgeschichte und war Teil vieler Weltmeisterschaften und Europameisterschaften. Einer ihrer größten Erfolge war der dritte Platz bei der Weltmeisterschaft 2018 in Russland.

Goldene Generation: In den letzten Jahren hat Belgien eine bemerkenswerte Gruppe von Talenten hervorgebracht, die oft als "Goldene Generation" bezeichnet wird. Spieler wie Eden Hazard, Kevin De Bruyne und Romelu Lukaku haben die belgische Nationalmannschaft zu neuen Höhen geführt.

Rekordspieler: Jan Vertonghen hält den Rekord für die meisten Länderspiele für Belgien. Er hat über 120 Spiele für sein Land bestritten.

Rekordtorschütze: Romelu Lukaku ist der Rekordtorschütze der belgischen Nationalmannschaft. Er hat mehr als 60 Tore erzielt.

Trainerlegende: Marc Wilmots war von 2012 bis 2016 Trainer der belgischen Nationalmannschaft und war maßgeblich daran beteiligt, die "Goldene Generation" zu formen und sie zu großen Erfolgen zu führen.

GAUFRES (BELGISCHE WAFFELN)

Zutaten

- 150 g Mehl
- 1 TL Backpulver
- 1 EL Zucker
- 1 Ei
- 120 ml Milch
- 60 g Butter
- 1 TL Vanilleextrakt
- 1 Prise Salz
- Optional: Puderzucker, Früchte, Schokoladen- soße zum Servieren

Zubereitung

Vermische Mehl, Backpulver, Zucker und Salz in einer großen Schüssel miteinander.

In einer zweiten Schüssel verquirlst du das Ei und gibst anschließend die Milch, die geschmolzene Butter und den Vanilleextrakt hinzu. Vermische alles gut miteinander.

Vermische die feuchten mit den trockenen Zutaten, bis ein glatter Teig entsteht. Achte darauf, dass in diesem Schritt keine Klumpen entstehen.

Heize dein Waffeleisen vor und fette es leicht ein.

Gib den Teig portionsweise in das Waffeleisen und backe die Waffeln goldbraun aus.

Die fertigen, belgischen Waffeln mit Puderzucker und Früchten deiner Wahl garnieren und genießen.

Nährwerte

Kalorien: 320-340 kcal
Fette: 18-20 g
Kohlenhydrate: 33-35 g
Proteine: 9-10 g

SPECULOOS LATTE (SPEKULATIUS-LATTE)

Zutaten

- 2 Tassen frisch gebrüh-
  ter Espresso (alternativ:
  starker Kaffee)
- 2 EL Spekulatius-Creme
  (alternativ: zerbröselte
  Spekulatius-Kekse)
- 400 ml Milch
- 2 EL Zucker
  Optional:
- 1,5 TL gemahlener Zimt
- Schlagsahne oder Milch-
  schaum zum Garnieren

Zubereitung

Brühe den Espresso oder Kaffee auf und fülle
jeweils eine Tasse in eine große Tasse.

Erwärme die Milch in einem großen Topf auf
mittlerer Hitze. Sie sollte nicht anfangen zu
kochen.

Gib die Spekulatius-Creme oder die Kekse zur
warmen Milch hinzu. Rühre das Ganze, bis
die Creme oder die Kekse vollkommen
geschmolzen sind.

Füge Zucker und nach Belieben Zimt hinzu.
Rühren, bis sich alles vollständig aufgelöst hat.

Gib nun die Milch-Spekulatius-Mischung zum
Kaffee hinzu und garniere das Ganze mit
Sahne, Zimt, Milchschaum oder einem
anderen Topping deiner Wahl.

Nährwerte

Kalorien: 220-240 kcal
Fette: 9-10 g
Kohlenhydrate: 22-24 g
Proteine: 7-8 g

DÄNEMARK

FRIKADELLER
(BULETTEN DÄNISCHER ART)

Zutaten

- 250 g Hackfleisch
  (gemischt aus Schwein
  und Rind)
- 1 Zwiebel
- 1 Ei
- 2 EL Paniermehl oder
  Semmelbrösel
- 1 EL Milch
- 1 TL Senf
- 1 TL Worcestersoße
- Salz, Pfeffer
- Butter oder Öl zum
  Braten

Zubereitung

Hacke die Zwiebeln und vermische alle
Zutaten in einer Schüssel miteinander, bis
alles gut kombiniert ist.

Lasse die Hackfleisch-Mischung für etwa eine
halbe Stunde im Kühlschrank ruhen, damit sie
etwas fester wird.

Erhitze das Öl oder etwas Butter in einer
Pfanne auf mittlerer Hitze.

Forme mit nassen Händen die Hackbällchen
aus und gib sie vorsichtig in die Pfanne.

Etwa vier bis fünf Minuten pro Seite anbraten,
bis die Frikadeller gut durchgebraten und
ansehnlich goldbraun sind.

Aus der Pfanne nehmen, abtropfen lassen und
nach Belieben mit Kartoffeln, Gemüse oder
anderen Beilagen servieren.

Nährwerte

Kalorien: 330-350 kcal
Fette: 22-24 g
Kohlenhydrate: 8-9 g
Proteine: 23-25 g

Erste Länderspiele: Dänemark bestritt sein erstes offizielles Länderspiel am 19. Oktober 1908 gegen Frankreich, das mit 0:9 verloren wurde.

Größte Erfolge: Dänemark gewann sensationell die Europameisterschaft 1992 in Schweden, nachdem sie als Ersatz für das disqualifizierte Jugoslawien kurzfristig eingeladen worden waren. Sie besiegten Deutschland im Finale mit 2:0.

Rekordspieler: Peter Schmeichel, ehemaliger Torhüter und Vater des Spielers Kasper Schmeichel, ist einer der bekanntesten Spieler und Rekordnationalspieler Dänemarks. Er bestritt über 100 Länderspiele für sein Land.

Rekordtorschütze: Poul Nielsen hält den Rekord für die meisten Tore für Dänemark. Er erzielte insgesamt 52 Tore für die Nationalmannschaft.

Trainerlegende: Richard Møller Nielsen war der Trainer, der Dänemark 1992 zum Gewinn der Europameisterschaft führte. Seine taktischen Fähigkeiten trugen maßgeblich zum Erfolg des Teams bei.

Spieler in Top-Ligen: Viele dänische Spieler haben in renommierten Ligen gespielt, darunter Michael Laudrup, der für Barcelona und Real Madrid spielte, sowie Christian Eriksen, der für Tottenham Hotspur und Inter Mailand aktiv war.

KOLDSKÅL (DÄNISCHE BUTTERMILCHSCHALE)

Zutaten

- 500 ml Buttermilch
- 2 Eigelb
- 2 EL Zucker
- 1 TL Vanilleextrakt
- 1 Zitrone (Abrieb der Schale)
- Frische Beeren oder Obst zum Servieren

Zubereitung

Vermische die beiden Eigelb mit dem Zucker und Vanilleextrakt und schlage alles schaumig.

Füge die Buttermilch unter stetigem Rühren hinzu und füge dann den Zitronenabrieb hinzu. Nochmals rühren.

Stelle das Buttermilchdessert für etwa eine Stunde in den Kühlschrank, bis sie schön kalt ist und die Aromen sich ideal entfalten konnten.

Serviere die Koldskål in Schüsseln und garniere sie mit Beeren, Obst und Keksen deiner Wahl.

Nährwerte

Kalorien: 180-200 kcal
Fette: 7-8 g
Kohlenhydrate: 18-20 g
Proteine: 9-10 g

LUMUMBA (ALKOHOLFREI)

Zutaten

- 400 ml Milch
  2 EL Kakaopulver
  2 EL Zucker
- 1 Prise Salz
  Optional:
- Schlagsahne zum
- Garnieren
- Kakao oder Schokoladen-
  raspeln zum Bestreuen
- etwas Rum-Aroma

Zubereitung

Erwärme die Milch auf mittlerer Hitze in einem Topf. Sie sollte nicht zu kochen beginnen.

Gib das Kakaopulver, Zucker sowie eine Prise Salz hinzu. Umrühren, bis sich alles gut aufgelöst hat.

Nach Belieben kannst du noch etwas Rum-Aroma hinzugeben, um den typischen Geschmack des klassischen Lumumbas zu erhalten.

Fülle dein Getränk in zwei Gläser und garniere das Ganze nach Wahl mit Schlagsahne und Schokoladenraspeln. Zum Wohl!

Nährwerte

Kalorien: 180-200 kcal
Fette: 6-7 g
Kohlenhydrate: 23-25 g
Proteine: 6-7 g

DEUTSCHLAND

KÄSESPÄTZLE

Zutaten

- 250 g Spätzle
- 150 g geriebener Käse
- 1 Zwiebel
- 2 EL Butter
- Salz, Pfeffer
- Optional: geröstete Zwiebeln zum Servieren

Zubereitung

Koche die Spätzle und stelle sie anschließend beiseite.

Lasse die Butter in einer großen Pfanne auf mittlerer Hitze schmelzen. Schneide die Zwiebel in Ringe und füge sie hinzu, bis sie glasig sind.

Nun folgen die gekochten Spätzle. Vermische alles gut miteinander und gib dann den Käse über die Spätzle. Auf niedriger Hitze schmelzen lassen und gelegentlich umrühren.

Mit Salz und Pfeffer abschmecken.

Auf Tellern verteilen und nach Belieben mit gerösteten Zwiebeln garnieren. Guten Appetit!

Nährwerte

Kalorien: 550-570 kcal
Fette: 28-30 g
Kohlenhydrate: 45-47 g
Proteine: 23-25 g

APFELSTRUDEL

Zutaten

- 2 kleine Äpfel
- 50 g Rosinen
- 2 EL Zucker
- 1 TL Zimt
- 0,5 Zitrone (Saft davon)
- 4 Blätter Strudelteig/
  Blätterteig
- 30 g geschmolzene
  Butter
- Puderzucker zum
  Bestäuben
- Optional: Vanillesoße
  oder Sahne zum Servieren

Zubereitung

Schäle die Äpfel und entferne die Kerngehäuse. Schneide sie dann in dünne Scheiben und beträufele sie mit dem Zitronensaft, damit sie anschließend nicht braun werden.

Weiche die Rosinen in warmem Wasser ein und lasse sie abtropfen.

Vermische den Apfel mit den Rosinen, Zucker und Zimt.

Heize deinen Backofen auf 180 Grad Ober- und Unterhitze vor und lege das Backblech mit Backpapier aus. Bestreiche das Backpapier zusätzlich mit etwas geschmolzener Butter.

Bemehle ein sauberes Küchentuch leicht und lege den Strudelteig darauf. Dünn mit der geschmolzenen Butter bestreichen.

Verteile die Apfelmischung auf dem Teig. Lasse dabei an den Rändern etwas Platz.

Rolle mithilfe des Küchentuchs den Strudelteig aus und platziere ihn auf dem Backblech. Dann den Vorgang für die drei weiteren Teigstücke wiederholen.

Bestreiche alle Strudel mit der restlichen Butter und backe sie für etwa 25 bis 30 Minuten aus, bis sie knusprig goldbraun sind.

Abkühlen lassen, mit Puderzucker bestreuen und mit Vanillesoße oder Sahne servieren.

Nährwerte

Kalorien: 320-340 kcal
Fette: 17-19 g
Kohlenhydrate: 42-44 g
Proteine: 4-5 g

Erste Länderspiele: Das erste offizielle Länderspiel der deutschen Nationalmannschaft fand am 5. April 1908 gegen die Schweiz statt, das mit 3:5 verloren wurde.

Größte Erfolge: Deutschland ist eine der erfolgreichsten Fußballnationen der Welt und hat vier Weltmeisterschaften (1954, 1974, 1990, 2014) sowie drei Europameisterschaften (1972, 1980, 1996) gewonnen.

Rekordspieler: Lothar Matthäus ist der Rekordnationalspieler Deutschlands. Er hat über 150 Länderspiele für sein Land bestritten.

Rekordtorschütze: Miroslav Klose ist der Rekordtorschütze der deutschen Nationalmannschaft. Er erzielte insgesamt 71 Tore während seiner Nationalmannschaftskarriere.

Trainerlegende: Sepp Herberger war der Trainer, der Deutschland 1954 zum ersten Weltmeistertitel führte. Joachim Löw, der von 2006 bis 2021 als Bundestrainer tätig war, führte die Mannschaft 2014 zum Weltmeistertitel in Brasilien.

APFELSCHORLE

Zutaten

- 300 ml naturtrüber
  Apfelsaft
- 300 ml kohlensäurehal-
  tiges Mineralwasser

  Optional:
- Eiswürfel
- frische Apfelscheiben zum
  Garnieren
- Minzblätter zum
  Garnieren

Zubereitung

Befülle zwei Gläser zur Hälfte mit Apfelsaft
und fülle sie dann mit dem Mineralwasser auf.
Vorsichtig rühren.

Bestücke deine Getränke nach Belieben mit
Eiswürfeln, Minze und frischen Apfelscheiben
und serviere die leckere Apfelschorle
eisgekühlt. Zum Wohl!

Nährwerte

Kalorien: 80-90 kcal
Fette: 17-19 g
Kohlenhydrate: <1 g
Proteine: <1 g

ENGLAND

FISH AND CHIPS

Zutaten

Fisch:
- 2 Kabeljaufilets (je etwa 150 - 200 g)
- Mehl zum Wenden
- 1 Ei
- Paniermehl oder Semmel-
- brösel zum Panieren
- Öl zum Frittieren
- Salz, Pfeffer

Chips:
- 4 große Kartoffeln
- Salz

Soße:
- 4 EL Mayonnaise
- 2 EL saure Sahne oder Joghurt
- 1 EL Essig
- 1 TL Zucker
- 1 TL Senf
- Salz, Pfeffer

Zubereitung

Heize deinen Backofen auf 200 Grad Ober- und Unterhitze vor.

Schäle die Kartoffeln und schneide sie in längliche Streifen. Danach gründlich abspülen und trocken tupfen.

Lege die Chips (Pommes) auf ein Backblech und beträufele etwas mit Öl und Salz. Dann für etwa 30 bis 40 Minuten backen, bis deine Chips schön goldbraun und richtig knusprig sind.

Bereite währenddessen den Fisch vor, indem du ihn salzt und pfefferst.

Gib separat in eine flache Schüssel Mehl, Semmelbrösel und das verquirlte Ei.

Wälze die Fischfilets jeweils in Mehl, Ei und Semmelbrösel, bis der Fisch gleichmäßig mit Panade bedeckt ist.

Erhitze etwas Öl im Topf und frittiere die Kabeljaufilets schön knusprig goldbraun. Auf Küchenpapier abtropfen lassen.

Verrühre für die Soße alle Zutaten miteinander und schmecke sie ab.

Serviere den Fish mit den Chips und der leckeren Soße. Guten Appetit!

Nährwerte

Kalorien: 650-670 kcal
Fette: 27-29 g
Kohlenhydrate: 65-67 g
Proteine: 33-35 g

Erste Länderspiele: Das erste offizielle Länderspiel der englischen Nationalmannschaft fand am 30. November 1872 gegen Schottland statt und endete mit einem 0:0-Unentschieden.

Größte Erfolge: England gewann die Weltmeisterschaft 1966, die bisher einzige Weltmeisterschaft für das Land. Sie besiegten im Finale Deutschland mit 4:2 nach Verlängerung im legendären Wembley-Stadion.

Rekordspieler: Peter Shilton hält den Rekord für die meisten Länderspiele für England. Er bestritt insgesamt über 125 Spiele für sein Land.

Rekordtorschütze: Wayne Rooney ist der Rekordtorschütze der englischen Nationalmannschaft. Er erzielte insgesamt 53 Tore während seiner Nationalmannschaftskarriere.

Trainerlegende: Sir Alf Ramsey war der Trainer, der England 1966 zum Weltmeistertitel führte. Gareth Southgate ist der aktuelle Trainer der englischen Nationalmannschaft und führte das Team bei der FIFA-Weltmeisterschaft 2018 bis ins Halbfinale.

STICKY TOFFEE PUDDING

Zutaten

Pudding:
- 100 g entsteinte Datteln
- 150 ml Wasser
- 75 g Butter
- 75 g brauner Zucker
- 1 Ei
- 150 g Mehl
- 1 TL Backpulver
- 1 Prise Salz
- Optional: 1 TL Vanille-
  extrakt

Toffee-Soße:
- 50 g Butter
- 50 g brauner Zucker
- 75 ml Sahne

Zubereitung

Heize deinen Backofen auf 180 Grad Ober- und Unterhitze vor.

Hacke die Datteln und gebe sie in einen Topf mit Wasser. Lass die Datteln für etwa fünf Minuten bei schwacher Hitze köcheln. Vom Herd nehmen und abkühlen lassen.

Vermische die weiche Butter mit dem braunen Zucker und rühre beides cremig. Dann das Ei hinzufügen und gut verrühren.

Nun folgen Mehl, Backpulver, Salz und nach Belieben der Vanilleextrakt. Verrühre alles zu einem glatten Teig.

Püriere die gekochten Datteln und gib sie zum Teig hinzu. Gut vermischen.

Fette eine kleine Backform ein und verteile den Teig gleichmäßig darin.

Nun wird der Pudding für 25 bis 30 Minuten gebacken, bis er fest und goldbraun ist.

Bereite währenddessen die Toffee-Soße zu. Bring hierfür alle Zutaten in einem kleinen Topf zum Kochen und rühre stetig um, bis die Soße eingedickt ist.

Serviere den gebackenen Pudding mit der warmen Toffee-Soße.

Nährwerte

Kalorien: 550-570 kcal
Fette: 27-29 g
Kohlenhydrate: 75-77 g
Proteine: 7-8 g

Rekorde aus der Welt des Fußballs

Schnellster Hattrick in einem WM-Spiel: Laszlo Kiss aus Ungarn erzielte einen Hattrick innerhalb von 7 Minuten gegen El Salvador bei der Weltmeisterschaft 1982.

Meiste Tore in einem WM-Spiel: Österreich besiegte die Schweiz 7:5 bei der Weltmeisterschaft 1954, was das höchste Gesamtergebnis in einem WM-Spiel ist.

Die längste Serie von ungeschlagenen Spielen bei einer Europameisterschaft: Spanien blieb zwischen 2008 und 2012 14 Spiele lang ungeschlagen.

Die meisten Tore in einer einzigen Europameisterschaft: Frankreich erzielte 14 Tore bei der EM 1984.

Deutschland besiegte Russland 9:0 bei der Frauen Europameisterschaft 1997, die meisten Tore in einem einzigen Spiel der Geschichte der Europameisterschaft der Frauen

PIMM'S COCKTAIL

Zutaten

- 300 ml Ginger-Ale
- 200 ml Zitronenlimonade
- 100 ml Orangensaft
- 100 ml Cranberrysaft
- 0,5 Gurke
- 6 – 8 Erdbeeren
- 1 Zitrone
- Frische Minzblätter
- Eiswürfel zum Servieren

Zubereitung

Vermische in einem Krug alle Getränke miteinander.

Schneide die Früchte und die Zitrone in Scheiben und füge sie zum Krug hinzu.

Rühre vorsichtig die Minze unter und stelle den alkoholfreien Cocktail für etwa eine Stunde in den Kühlschrank.

Befülle zwei Gläser mit Eis und gieße dann den Pimm's Cocktail ein. Nach Belieben etwas garnieren und eisgekühlt genießen.

Nährwerte

Kalorien: 110-120 kcal
Fette: <1 g
Kohlenhydrate: 25-27 g
Proteine: <1 g

FRANKREICH

RATATOUILLE

Zutaten

- 1 kleine Zwiebel
- 2 Knoblauchzehen
- 1 rote Paprika
- 1 gelbe Paprika
- 1 Aubergine
- 2 kleine Zucchini
- 3 Tomaten
- 2 EL Olivenöl
- 1 TL getrocknete Kräuter
  der Provence
- Salz, Pfeffer
- Optional: frische Kräuter
  zum Garnieren

Zubereitung

Bereite das Gemüse vor. Gib etwas Olivenöl in eine Pfanne und füge die gehackte Zwiebel sowie den gehackten Knoblauch hinzu. Glasig anbraten für einige Minuten.

Die gewürfelten Paprika, gewürfelte Aubergine sowie die Zucchinischeiben hinzufügen und unter gelegentlichem Rühren für etwa zehn Minuten braten. Das Gemüse sollte leicht gebräunt sein.

Die gehackten Tomaten und die getrockneten Kräuter hinzugeben. Salzen und pfeffern.

Vermische alles gut miteinander und lasse es für 15 bis 20 Minuten auf niedriger Hitze köcheln, bis das Gemüse schön weich ist.

Mit frischen Kräutern garnieren und servieren. Bon appétit!

Nährwerte

Kalorien: 170-190 kcal
Fette: 9-10 g
Kohlenhydrate: 17-19 g
Proteine: 4-5 g

Erste Länderspiele: Das erste offizielle Länderspiel der französischen Nationalmannschaft fand am 1. Mai 1904 gegen Belgien statt und endete mit einem 3:3-Unentschieden.

Größte Erfolge: Frankreich hat die Weltmeisterschaft zweimal gewonnen, 1998 als Gastgeber und 2018 in Russland. Bei der Europameisterschaft gewannen sie 1984 und 2000.

Rekordspieler: Lilian Thuram ist der Rekordnationalspieler Frankreichs. Er bestritt über 140 Spiele für sein Land.

Rekordtorschütze: Thierry Henry ist der Rekordtorschütze der französischen Nationalmannschaft. Er erzielte insgesamt 51 Tore während seiner Nationalmannschaftskarriere.

Trainerlegende: Didier Deschamps war Kapitän der französischen Nationalmannschaft, als sie 1998 die Weltmeisterschaft gewannen, und später führte er das Team als Trainer zum WM-Titel 2018.

Fußballkultur: Fußball hat einen bedeutenden Platz in der französischen Kultur und Gesellschaft eingenommen. Die Franzosen sind bekannt für ihren Stil und ihre technische Raffinesse auf dem Platz.

MOUSSE AU CHOCOLAT

Zutaten

- 100 g dunkle Schokolade
  (mind. 70 % Kakaoanteil)
- 2 Eier (getrennt)
- 2 EL Zucker
- 1 Prise Salz
- Optional: Schlagsahne
  und Beeren zum
  Servieren

Zubereitung

Hacke die dunkle Schokolade und schmelze sie im Wasserbad. Vom Herd nehmen und etwas auskühlen lassen.

Schlage die beiden Eiweiße mit dem Salz steif.

Die Eigelbe werden wiederum mit dem Zucker schaumig geschlagen.

Verrühre die Schokolade mit der Eigelb-Masse, bis ein glatter Teig entsteht.

Hebe das Eiweiß mit einem Löffel vorsichtig unter, damit die Masse schön locker bleibt. Gleichmäßig verteilen, bis eine einheitliche Konsistenz entsteht.

Fülle deine Mousse au Chocolat in zwei Schüsseln und stelle sie für mindestens eine Stunde kühl.

Die feste Mouse mit Beeren und Sahne garnieren und direkt kühl genießen.

Nährwerte

Kalorien: 320-340 kcal
Fette: 22-24 g
Kohlenhydrate: 22-24 g
Proteine: 9-10 g

ORANGENSAFT

Zutaten

- 250 ml frisch gepresster Orangensaft
- 250 ml kohlensäure-haltiges Mineralwasser
- 2 EL Zucker

Optional:

- Eiswürfel
- Frische Orangenscheiben zum Garnieren
- Minzblätter zum Garnieren

Zubereitung

Fülle den frisch gepressten Orangensaft in eine Karaffe oder in zwei Gläser und fülle ihn mit dem Mineralwasser auf. Vorsichtig umrühren.

Gib den Zucker nach Belieben hinzu und rühre, bis er sich komplett aufgelöst hat.

Stelle dein Getränk in den Kühlschrank oder kühle es etwas mit Eiswürfeln herunter.

Mit Minze und frischen Orangenscheiben garnieren und direkt genießen. Prost!

Nährwerte

Kalorien: 50-60 kcal
Fette: <1 g
Kohlenhydrate: 13-14 g
Proteine: <1 g

GEORGIEN

BADRIJANI NIGVZIT
(GEFÜLLTE AUBERGINENRÖLLCHEN)

Zutaten

- 2 große Auberginen
- 100 g Walnüsse
- 2 Knoblauchzehen
- 1 TL gemahlener Kreuzkümmel
- 1 TL gemahlener Koriander
- 1 TL Paprikapulver
- 2 EL Rotweinessig
- Salz
- Olivenöl zum Braten

Zubereitung

Schneide die gewaschenen Auberginen längs in Scheiben. Sie sollten etwa einen Zentimeter dick sein und sich noch gut rollen lassen.

Salze die Auberginenscheiben beidseitig und stelle sie für etwa eine halbe Stunde beiseite, damit sie in Ruhe Wasser ziehen können.

Hacke die Walnüsse klein und presse den Knoblauch.

Tupfe indes die Auberginenstreifen mit einem Stück Küchenpapier trocken und brate sie beidseitig in etwas Öl an, bis sie schön goldbraun sind.

Vermische in einer Schüssel die Walnüsse, den Knoblauch und die Gewürze sowie den Rotweinessig miteinander.

Rolle die Auberginenscheiben auf und fülle sie mit der Walnussmischung.

Anrichten und kühl stellen, bevor sie serviert werden.

Nährwerte

Kalorien: 270-290 kcal
Fette: 22-24 g
Kohlenhydrate: 18-20 g
Proteine: 7-8 g

Erste Länderspiele: Die georgische Nationalmannschaft bestritt ihr erstes offizielles Länderspiel am 27. Mai 1990 gegen Litauen, das mit 2:2 endete.

Größte Erfolge: Georgien hat sich bisher noch nicht für eine Weltmeisterschaft qualifiziert. Dennoch hat das Team einige bemerkenswerte Siege in Qualifikationsspielen und Freundschaftsspielen erzielt. Ihr größter Erfolg ist jedoch die Teilnahme an der Europameisterschaft 2024.

Rekordspieler: Levan Kobiashvili ist einer der bekanntesten Spieler und Rekordnationalspieler Georgiens. Er bestritt über 100 Länderspiele für sein Land.

Rekordtorschütze: Shota Arveladze ist der Rekordtorschütze der georgischen Nationalmannschaft. Er erzielte insgesamt über 25 Tore während seiner Nationalmannschaftskarriere.

Trainerlegende: Karel Jarolím war von 2011 bis 2012 Trainer der georgischen Nationalmannschaft und trug zur Entwicklung des Teams bei.

PELAMUSHI
(GEORGISCHER DESSERTBREI)

Zutaten

- 100 g Mais- oder
  Weizenmehl
- 300 ml Traubensaft
- 50 g Zucker
- 1 Prise gemahlener Zimt
- 1 Prise gemahlene
  Nelken
- Optional: Früchte oder
  Nüsse zum Garnieren

Zubereitung

Gib das Mehl in eine Schüssel und fülle den Traubensaft schrittweise ein. Rühre kontinuierlich, bis eine glatte Masse entsteht.

Fülle die Mischung im Anschluss in einen Topf und koche sie bei mittlerer Hitze auf. Dabei ständig rühren, damit keine Klumpen entstehen und nichts anbrennt.

Füge den Zucker, die Nelken und den Zimt hinzu. Nach zehn bis 15 Minuten sollte die Masse puddingartig eindicken.

Fülle deine Pelamushi in Schälchen und lasse sie im Kühlschrank für circa eine Stunde auskühlen.

Mit Früchten oder Nüssen deiner Wahl garnieren und kühl genießen.

Nährwerte

Kalorien: 220-240 kcal
Fette: <1 g
Kohlenhydrate: 45-47 g
Proteine: 3-4 g

APFEL-PFLAUMEN-KOMPOTT

Zutaten

- 2 Äpfel
- 4 Pflaumen
- 2 EL Zucker
- 400 ml Wasser
- 0,5 Zitrone (Saft davon)
- Optional: 1 Zimtstange, Nelken

Zubereitung

Bereite das Obst vor und schneide die Äpfel und die Pflaumen in Würfel beziehungsweise Viertel.

Gib das Obst mit der Zimtstange und dem Zucker in einen Topf und vermische alles gut mit dem Wasser.

Bringe den Topf auf mittlerer Hitze zum Kochen und reduziere anschließend die Temperatur etwas. Lasse dein Kompott für circa 15 bis 20 Minuten köcheln. Die Früchte sollten weich sein und es sollte eine dickflüssige Konsistenz entstehen.

Lasse dein Kompott auskühlen und siebe es. Dann fügst du den Zitronensaft hinzu. Umrühren.

Fülle dein Kompott in zwei Gläser und serviere es im Anschluss gekühlt. Prost!

Nährwerte

Kalorien: 110-120 kcal
Fette: <1 g
Kohlenhydrate: 25-27 g
Proteine: 2-3 g

ITALIEN

PIZZA

Zutaten

- 200 g Pizzateig (selbstgemacht oder gekauft)
- 100 g passierte Tomaten
- 125 g Mozzarella
- einige Basilikumblätter
- 1 EL Olivenöl
- Salz, Pfeffer

Pizzateig selbstgemacht:
  = 2 Pizzen = 4 Portionen
- 450 g Mehl
- 1 Päckchen Trockenhefe
- 200 ml lauwarmes
  Wasser
- 3 EL Olivenöl
- Salz

Zubereitung

Heize deinen Backofen auf 200 Grad Ober-
und Unterhitze vor.

Rolle deinen Pizzateig auf einer bemehlten
Oberfläche aus und forme zwei Pizzen mit
einem Durchmesser von jeweils 20 cm.

Verteile die passierten Tomaten gleichmäßig
auf den Pizzen und lasse an den Rändern
etwas Platz.

Der Mozzarella wird in Scheiben geschnitten
und ebenfalls auf der Pizza verteilt.

Streue etwas Basilikum nach Wahl über die
Pizzen.

Backe sie nun auf einem Blech oder einem
Pizzastein für zehn bis zwölf Minuten aus.
Der Mozzarella sollte schmelzen und der Teig
schön knusprig sein.

Anschließend mit etwas Öl beträufeln sowie
salzen und pfeffern.

In Stücke schneiden und servieren!

Nährwerte

Kalorien: 380-400 kcal
Fette: 16-18 g
Kohlenhydrate: 42-44 g
Proteine: 18-20 g

Erste Länderspiele: Die italienische Nationalmannschaft bestritt ihr erstes offizielles Länderspiel am 15. Mai 1910 gegen Frankreich, das mit 6:2 gewonnen wurde.

Größte Erfolge: Italien ist eine der erfolgreichsten Fußballnationen der Welt und hat die Weltmeisterschaft viermal gewonnen, 1934, 1938, 1982 und 2006. Sie sind auch zweifacher Europameister, 1968 und 2020.

Rekordspieler: Gianluigi Buffon ist der Rekordnationalspieler Italiens. Er hat über 175 Länderspiele für sein Land bestritten.

Rekordtorschütze: Luigi Riva ist der Rekordtorschütze der italienischen Nationalmannschaft. Er erzielte insgesamt 35 Tore während seiner Nationalmannschaftskarriere.

Trainerlegende: Vittorio Pozzo war der Trainer, der Italien 1934 und 1938 zum Weltmeistertitel führte. Marcello Lippi führte die Mannschaft 2006 zum Weltmeistertitel in Deutschland.

TIRAMISU (ALKOHOLFREI)

Zutaten

- 2 Eigelb
- 2 EL Zucker
- 100 g Mascarpone
- 4 Löffelbiskuits
- 100 ml kalter Espresso
- 1 EL Kakaopulver

Zubereitung

Schlage das Eigelb mit dem Zucker in einer Schüssel über einem Wasserbad schaumig. Der Zucker sollte sich vollständig auflösen. Die Mischung sollte hell und dick sein.

Rühre den Mascarpone vorsichtig unter, sodass am Ende eine glatte Creme entsteht.

Fülle den kalten Espresso in eine flache Schüssel und tauche die Löffelbiskuits kurz hinein. Lege sie anschließend in eine Dessertschale oder Auflaufform.

Fülle die Hälfte der Mascarpone-Creme über den Löffelbiskuit und streiche sie glatt.

Dann folgen nochmals eine Schicht Löffelbiskuits und eine Schicht Creme.

Stelle dein Tiramisu für mindestens zwei Stunden im Kühlschrank kühl und bestreue es anschließend zum Servieren mit Kakaopulver.

Nährwerte

Kalorien: 320-340 kcal
Fette: 22-24 g
Kohlenhydrate: 23-25 g
Proteine: 6-7 g

APEROL SPRITZ (ALKOHOLFREI)

Zutaten

- 80 ml Monin Sirup
  Orange Spritz
  400 ml Tonic (oder
- Ginger Ale, wenn du es
  etwas süßer magst)
- 200 ml Mineralwasser
- 10 Eiswürfel
- 0,5 frische Orange
  Optional:
- Zitronenscheiben zum
  Garnieren
- 2 Zweige Rosmarin

Zubereitung

Verteile die Eiswürfel auf zwei Gläser.

Schneide die Orangen in Scheiben und verteile sie ebenfalls auf die Gläser.

Gieße jeweils 200 ml Tonic dazu, dann folgen der Sirup und das Mineralwasser.

Garniere deine Gläser mit Zitronenscheiben und Rosmarin. Prost!

Nährwerte

Kalorien: 150-170 kcal
Fette: <1 g
Kohlenhydrate: 46-48 g
Proteine: <1 g

KROATIEN

SARMA (KROATISCHE KOHLROULADEN)

Zutaten

- 150 g Hackfleisch (Rind oder gemischt)
- 100 g Reis
- 10 große Weißkohlblätter
- 1 Zwiebel
- 1 Knoblauchzehe
- 1 EL Tomatenmark
- 1 EL Paprikapulver
- 500 ml Gemüsebrühe oder Wasser
- 1 EL Öl
- Salz, Pfeffer
- Optional: Sauerrahm oder Joghurt zum Servieren

Zubereitung

Schneide die Weißkohlblätter ab und entferne den Strunken.

Der Reis wird nach Packungsanleitung zubereitet. Er sollte nicht komplett gar sein.

Erhitze etwas Öl in einer Pfanne und dünste Zwiebel und Knoblauch darin glasig an.

Füge das Hackfleisch hinzu und brate es an, bis es krümelig und braun ist.

Tomatenmark und Paprikapulver dazugeben und kurz anbraten.

Den Reis hinzugeben. Salzen und pfeffern.

Gib die Mischung auf die Kohlblätter, rolle sie ein und verschließe sie fest. Hierzu kannst du beispielsweise Zahnstocher verwenden.

Lege die Röllchen in einen Topf und bedecke sie mit Wasser oder Gemüsebrühe.

Köchel sie für 45 bis 60 Minuten, bis der Kohl komplett weich ist.

Mit Sauerrahm oder Joghurt servieren und genieße!

Nährwerte

Kalorien: 270-290 kcal
Fette: 13-15 g
Kohlenhydrate: 22-24 g
Proteine: 17-19 g

Erste Länderspiele: Die kroatische Nationalmannschaft bestritt ihr erstes offizielles Länderspiel am 17. Oktober 1990 gegen die USA, das mit 2:1 gewonnen wurde.

Größte Erfolge: Kroatien erreichte bei der Weltmeisterschaft 1998 in Frankreich sensationell den dritten Platz, nachdem sie unter anderem Deutschland im Viertelfinale besiegt hatten. Bei der Europameisterschaft 2020 erreichte Kroatien das Finale, unterlag jedoch Italien.

Rekordspieler: Darijo Srna ist der Rekordnationalspieler Kroatiens. Er hat über 130 Länderspiele für sein Land bestritten.

Rekordtorschütze: Davor Šuker ist der Rekordtorschütze der kroatischen Nationalmannschaft. Er erzielte insgesamt über 45 Tore während seiner Nationalmannschaftskarriere.

Trainerlegende: Zlatko Dalić ist der aktuelle Trainer der kroatischen Nationalmannschaft. Er führte das Team bei der Weltmeisterschaft 2018 bis ins Finale, wo sie Frankreich unterlagen.

MAKOVNJAČA (MOHNKUCHEN)

Zutaten

- 200 g Mohn
- 100 g Zucker
- 100 ml Milch
- 50 g Butter
- 1 Ei
- 1 Teelöffel Vanilleextrakt
- 200 g Blätterteig (fertig gekauft oder selbst-gemacht)
- 1 Prise Salz

Zubereitung

Gib den Mohn in eine Schüssel, übergieße ihn mit kochendem Wasser und lasse ihn anschließend für etwa 30 Minuten einweichen. Hinterher abgießen sowie abtropfen lassen.

Mahle den Mohn in einem Mixer oder mit einer Küchenmaschine.

Dann in einen Topf füllen, Zucker, Milch, Butter, Salz und Vanilleextrakt hinzugeben und unter stetigem Rühren auf schwacher Hitze für zehn bis 15 Minuten köcheln lassen. Die Masse sollte eindicken. Im Anschluss etwas auskühlen lassen.

Bestreiche den Blätterteig mit der Mohnmasse und rolle das Ganze auf. Die Enden werden verschlossen.

Mit Ei bestreichen und für 25 bis 30 Minuten bei 180 Grad Ober- und Unterhitze backen.

Abkühlen lassen und in Scheiben geschnitten servieren.

Nährwerte

Kalorien: 370-390 kcal
Fette: 22-24 g
Kohlenhydrate: 33-35 g
Proteine: 7-8 g

KRÄUTERTEE (SELBST GETROCKNET)

Zutaten

- Eine Handvoll frische Kräuter (z. B. Minze, Kamille, Zitronen-melisse, Lavendel, Rosmarin)
- 500 ml Wasser
- Optional: Honig oder Zitronenscheiben zum Servieren

Zubereitung

Sammle frische Kräuter in deinem Garten oder kaufe sie im Supermarkt. Wasche sie anschließend und tupfe sie trocken.

Füge die Kräuter zu Bündeln zusammen und lege sie auf ein Backblech, um sie zu trocknen. Der Trocknungsvorgang dauert etwa ein bis zwei Wochen, je nach Kraut und Umgebung. Wichtig ist, dass die Umgebung gut belüftet und warm ist. (Alternativ kannst du auch Kräutermischungen für Tee verwenden.)

Entferne die Stiele der getrockneten Kräuter und bewahre sie in luftdichten Behältern auf.

Für deinen Tee nimmst du ein bis zwei Teelöffel der frischen Kräuter für eine Tasse.

Bringe das Wasser zum Kochen und gib ein paar Teeblätter in die Teekanne.

Übergieße die Teeblätter mit dem heißen Wasser und lasse deinen Kräutertee je nach gewünschter Intensität für etwa fünf bis zehn Minuten ziehen.

Durch ein Teesieb in zwei Gläser oder Tassen füllen, mit Honig oder Zitrone verfeinern und genießen.

Nährwerte

Kalorien: <1 kcal
Fette: <1 g
Kohlenhydrate: <1 g
Proteine: <1 g

NIEDERLANDE

KAASSOUFFLÉ (FRITTIERTE KÄSETASCHE)

Zutaten

- 200 g Gouda oder Edamer
- 1 Ei
- 50 g Paniermehl
- Salz, Pfeffer
- Öl zum Frittieren

Zubereitung

Verquirle das Ei und streue das Paniermehl in eine flache Schale oder auf einen Teller.

Schneide die Käsescheiben in Rechtecke. Etwas salzen und pfeffern.

Die Käsestücke werden erst in Ei, dann in Paniermehl gewälzt. Wiederhole diese Schritte so lange, bis der Käse komplett mit der Panade bedeckt ist.

Erhitze deine Fritteuse oder etwas Öl im Topf.

Den Käse für zwei bis drei Minuten frittieren, bis er knusprig gebräunt ist.

Lasse die Kaassoufflés auf Küchenpapier abtropfen und serviere sie warm mit einem Dip deiner Wahl.

Nährwerte

Kalorien: 320-340 kcal
Fette: 23-25 g
Kohlenhydrate: 18-20 g
Proteine: 16-18 g

Erste Länderspiele: Die niederländische Nationalmannschaft bestritt ihr erstes offizielles Länderspiel am 30. April 1905 gegen Belgien, das mit 1:4 verloren wurde.

Größte Erfolge: Die Niederlande haben bei Weltmeisterschaften dreimal den zweiten Platz belegt, 1974, 1978 und 2010. Sie gewannen die Europameisterschaft 1988 in Deutschland.

Rekordspieler: Wesley Sneijder ist der Rekordnationalspieler der Niederlande. Er hat über 130 Länderspiele für sein Land bestritten.

Rekordtorschütze: Robin van Persie ist der Rekordtorschütze der niederländischen Nationalmannschaft. Er erzielte insgesamt über 50 Tore während seiner Nationalmannschaftskarriere.

Trainerlegende: Rinus Michels war der Trainer, der die Niederlande 1988 zum Europameistertitel führte. Louis van Gaal war ebenfalls ein erfolgreicher Trainer der niederländischen Nationalmannschaft.

Fußballkultur: Fußball hat einen besonderen Platz in der niederländischen Kultur und Gesellschaft. Die niederländischen Fans sind bekannt für ihre Unterstützung und ihre Begeisterung für "Total Football", ein Stil, der auf Ballbesitz, schnelle Pässe und Offensivspiel ausgerichtet ist.

POFFERTJES
(NIEDERLÄNDISCHE MINI-PANCAKES)

Zutaten

- 100 g Mehl
- 1 Ei
- 100 ml Milch
- 1 TL Backpulver
- 1 Prise Salz
- Butter oder Öl zum
  Braten

Optional:

- Puderzucker zum
  Bestreuen
- Früchte oder Sirup zum
  Servieren

Zubereitung

Gib das Mehl mit dem Ei, der Milch und dem Backpulver in eine Schüssel und füge eine Prise Salz hinzu. Verrühre das Ganze zu einem glatten Teig.

Fette eine Pfanne ein und erhitze sie. Eine Poffertjes-Pfanne eignet sich hierbei besonders gut.

Gib kleine Kleckse des Teiges in die Pfanne und backe die Poffertjes aus. Sie sollten von beiden Seiten schön goldbraun werden.

Wiederhole den Vorgang, bis alle Poffertjes ausgebacken sind.

Serviere sie mit Puderzucker, Früchten sowie Sirup deiner Wahl.

Nährwerte

Kalorien: 260-280 kcal

Fette: 9-10 g

Kohlenhydrate: 37-39 g

Proteine: 9-10 g

CHUNKY CHOCOMEL MILCHSHAKE

Zutaten

- 400 ml Chocomel (oder einen anderen Kakao)
- 2 Kugeln Vanilleeis
- Etwas Schlagsahne
- 40 g Haselnüsse
- 80 g Dunkle Schokolade

Zubereitung

Röste die gehackten Haselnüsse in einer Pfanne an und lasse sie kurz auskühlen.

Hacke die dunkle Schokolade und schmelze sie in der Mikrowelle oder im Wasserbad. Gelegentlich umrühren, damit nichts anbrennt.

Tauche die Ränder deiner Gläser erst in die geschmolzene Schokolade, anschließend in die Haselnüsse.

Gib dein Chocomel mit dem Vanilleeis in einen Mixer. Mixen, bis beides gut vermischt ist.

Nun kannst du dein Getränk in die vorbereiteten Gläser einfüllen und mit Schlagsahne, Nüssen und Schokolade verzieren. Prosit!

Nährwerte

Kalorien: 520-540 kcal
Fette: 33-35 g
Kohlenhydrate: 48-50 g
Proteine: 9-10 g

ÖSTERREICH

WIENER SCHNITZEL

Zutaten

- 2 große Schnitzel
  (Schwein, Kalb oder
  Huhn)
- 2 Eier
- 100 g Semmelbrösel
- Salz, Pfeffer
- Mehl zum Bestäuben
- Öl zum Braten
- Optional: Zitronen-
  scheiben zum Servieren

Zubereitung

Lege die Schnitzel zwischen zwei Stücken Frischhaltefolie und klopfe sie mit einem Fleischklopfer vorsichtig flach. Sie sollten am Ende circa 0,5 cm dick sein.

Verquirle die Eier in einer flachen Schüssel. Etwas salzen und pfeffern.

Die Semmelbrösel gibst du auf einen flachen Teller.

Wende die Schnitzel zuerst in etwas Mehl. Ziehe sie anschließend erst durch die Eier, dann durch die Semmelbrösel. Das Fleisch sollte komplett bedeckt sein.

Brate die Schnitzel vorsichtig von beiden Seiten jeweils für drei bis vier Minuten an, bis sie den gewünschten Bräunungsgrad erhalten.

Auf einem Stück Küchenpapier abtropfen lassen und mit Salat, Pommes, Kartoffeln oder Kartoffelsalat servieren. Guten Appetit!

Nährwerte

Kalorien: 430-450 kcal
Fette: 23-25 g
Kohlenhydrate: 17-19 g
Proteine: 38-40 g

Erste Länderspiele: Die österreichische Nationalmannschaft bestritt ihr erstes offizielles Länderspiel am 12. Oktober 1902 gegen Ungarn, das mit 5:0 verloren wurde.

Größte Erfolge: Österreich hat zwar keine Weltmeisterschaft gewonnen, erreichte jedoch zweimal das Halbfinale, 1934 und 1954. Bei der Europameisterschaft erreichte Österreich das Halbfinale 1960, als das Turnier noch als Europapokal der Nationen bekannt war.

Rekordspieler: Andreas Herzog ist der Rekordnationalspieler Österreichs. Er bestritt über 100 Länderspiele für sein Land.

Rekordtorschütze: Toni Polster ist der Rekordtorschütze der österreichischen Nationalmannschaft. Er erzielte insgesamt über 40 Tore während seiner Nationalmannschaftskarriere.

Trainerlegende: Hugo Meisl war ein erfolgreicher Trainer der österreichischen Nationalmannschaft in den 1930er Jahren, als Österreich eines der führenden Fußballteams in Europa war.

KAISERSCHMARRN

Zutaten

- 4 Eier
- 250 ml Milch
- 125 g Mehl
- 50 g Zucker
- 1 Prise Salz
- Butter zum Braten
- Puderzucker zum
  Bestreuen
  Optional:
- 50 g Rosinen
- Apfelmus oder Preisel-
  beeren zum Servieren

Zubereitung

Trenne die Eier und schlage das Eiweiß steif.

Vermische das Eigelb mit der Milch, Mehl, Zucker sowie einer Prise Salz, bis du einen glatten Teig erhältst. Wenn du magst, kannst du noch ein paar Rosinen unterheben.

Hebe den Eischnee aus Schritt 1 vorsichtig unter die Masse und vermische alles gut miteinander.

Erhitze die Butter in einer großen Pfanne und gieße den Teig hinein. Anbraten, bis alles goldbraun ist. Gelegentlich wenden, damit alles gleichmäßig braun wird.

Zerteile die Masse in kleine Stücke. Nutze dafür entweder eine Gabel oder direkt den Pfannenwender.

Weiter anbraten und anschließend auf einem Teller mit Apfelmus und / oder Puderzucker servieren.

Nährwerte

Kalorien: 370-390 kcal
Fette: 18-20 g
Kohlenhydrate: 42-44 g
Proteine: 19-21 g

ALMDUDLER COCKTAIL (ALKOHOLFREI)

Zutaten

- 500 ml Almdudler
- 2 Limetten (Saft davon)
- 30 g Rohrzucker (oder normaler Haushalts- zucker)
- 0,5 Bund Minze

Zubereitung

Presse die Limetten in zwei Gläser deiner Wahl, dann Zucker hinzugeben und verrühren.

Gib die Minze dazu und zerdrücke die Blätter leicht. Dann mit Eiswürfeln bestücken.

Fülle den Almdudler auf und genieße dein Getränk eiskalt. Prost!

Nährwerte

Kalorien: 160-180 kcal
Fette: 1-2 g
Kohlenhydrate: 37-39 g
Proteine: 1-2 g

POLEN

PIEROGI RUSKIE (GEFÜLLTEIGTASCHEN)

Zutaten

- 200 g Mehl
- 1 Ei
- 50 ml Wasser
- 100 g Kartoffeln
- 100 g Quark
- 1 kleine Zwiebel
- Salz, Pfeffer
- Wasser zum Kochen
- Optional: Sauerrahm oder Butter zum Servieren

Zubereitung

Siebe das Mehl auf eine saubere Arbeitsfläche oder in eine Schüssel. Bilde in der Mitte eine Mulde. Füge das Ei, Wasser und eine Prise Salz hinzu und verknete das Ganze zu einem gleichmäßigen Teig.

Koche die Kartoffeln und stampfe sie anschließend. Die Zwiebeln werden gehackt.

Bereite die Füllung vor, indem du die Kartoffeln mit den Zwiebeln, dem Quark sowie Salz und Pfeffer vermischst.

Rolle den Teig aus und steche mit einem Glas Kreise aus. Verteile die Mischung gleichmäßig auf den Teig-Kreisen. Die Ränder mit Wasser bestreichen und zu Halbmonden formen. Ränder fest andrücken, um sie gut zu versiegeln.

Koche die Piroggen für drei bis vier Minuten, bis sie an der Wasseroberfläche schwimmen.

Nach Belieben kannst du sie mit geschmolzener Butter oder Sauerrahm servieren.

Nährwerte

Kalorien: 320-340 kcal
Fette: 8-9 g
Kohlenhydrate: 55-57 g
Proteine: 12-14 g

Erste Länderspiele: Die polnische Nationalmannschaft bestritt ihr erstes offizielles Länderspiel am 18. Dezember 1921 gegen Ungarn, das mit 1:0 gewonnen wurde.

Größte Erfolge: Polen erreichte bei der Weltmeisterschaft zweimal das Halbfinale, 1974 und 1982. Bei der Europameisterschaft erreichte Polen das Viertelfinale 2016.

Rekordspieler: Grzegorz Lato ist der Rekordnationalspieler Polens. Er bestritt über 100 Länderspiele für sein Land.

Rekordtorschütze: Robert Lewandowski ist der Rekordtorschütze der polnischen Nationalmannschaft. Er hat insgesamt über 70 Tore während seiner Nationalmannschaftskarriere erzielt.

Trainerlegende: Antoni Piechniczek war ein erfolgreicher Trainer der polnischen Nationalmannschaft in den 1980er Jahren. Adam Nawałka führte das Team bei der Europameisterschaft 2016 bis ins Viertelfinale.

KARPATKA (POLNISCHE SAHNETORTE)

Zutaten

- 100 ml Wasser
- 50 g Butter
- 60 g Mehl
- 2 Eier
- 1 Prise Salz
- 250 ml Milch
- 2 Eigelb
- 50 g Zucker
- 20 g Mehl
- 1 TL Vanilleextrakt
- Optional: Puderzucker
  zum Bestreuen

Zubereitung

Bringe das Wasser mit der Butter in einem Topf zum Kochen.

Füge das Mehl hinzu und rühre rasch um, bis ein glatter Teig entsteht. Vom Herd nehmen und auskühlen lassen.

Füge danach die Eier nacheinander hinzu und verrühre alles zu einem geschmeidigen Teig.

Teig in zwei gleich große Teile trennen und zu Rechtecken formen.

Backe den Teig bei 200 Grad Ober- und Unterhitze für etwa 25 bis 30 Minuten aus, bis er goldbraun und etwas aufgeblasen ist.

Für die Füllung bringst du die Milch in einem Topf zum Kochen.

Vermische in einer Schüssel die beiden Eigelbe mit Zucker, Mehl und Vanilleextrakt.

Gib etwas von der heißen Milch in die Ei-Mischung, danach füllst du die Mischung unter ständigem Rühren in die heiße Milch. Aufkochen lassen, bis das Ganze eingedickt ist und dann vom Herd nehmen.

Lege die Teigplatte auf einen Teller und bestreiche sie mit der Füllung. Danach die zweite Platte darauflegen. Optional mit Puderzucker bestreuen und direkt genießen oder kühl stellen.

Nährwerte

Kalorien: 270-290 kcal
Fette: 13-15 g
Kohlenhydrate: 32-34 g
Proteine: 9-10 g

Rekorde aus der Welt des Fußballs

Die meisten Tore in einem EM-Finale: Frankreich besiegte Jugoslawien 4:2 im Finale der Europameisterschaft 1960.

Längste Serie von EM-Teilnahmen: Deutschland hat sich für alle 13 Europameisterschaften qualifiziert.

Die meisten EM-Titel: Deutschland hat drei Europameisterschaften (1972, 1980, 1996) gewonnen.

Deutschland erziehlte die meisten Tore in einem EM-Qualifikationsspiel: Gegener war San Marino und das Spiele endete 13:0. Im Jahr 2006.

Die längste Serie von ungeschlagenen Spielen in der CONCACAF Gold Cup-Geschichte: Mexiko blieb zwischen 2007 und 2011 18 Spiele lang ungeschlagen.

ERDBEER-KOMPOTT

Zutaten

- 300 g Erdbeeren (frisch oder gefroren)
- 2 Esslöffel Zucker
- 250 ml Wasser
- 0,5 Zitrone (Saft davon)

Zubereitung

Wasche und halbiere die Erdbeeren und bringe das Wasser in einem Topf zum Kochen.

Erdbeeren hinzufügen sowie Zucker und Zitronensaft. Lasse das Ganze für fünf bis sieben Minuten köcheln, bis sich der Zucker aufgelöst hat und die Erdbeeren weich sind.

Vom Herd nehmen und auskühlen lassen.

Siebe den Saft in zwei Gläser und genieße ihn direkt.

Nährwerte

Kalorien: 60-70 kcal
Fette: <1 g
Kohlenhydrate: 13-15 g
Proteine: <1 g

PORTUGAL

BACALHAU À BRÁS
(KABELJAU MIT KARTOFFELN UND OLIVEN)

Zutaten

- 250 g Kabeljau
- 300 g Kartoffeln
- 1 Zwiebel
- 2 Knoblauchzehen
- 3 Eier
- 50 g schwarze Oliven
- 2 Esslöffel Olivenöl
- Salz, Pfeffer
- Petersilie zum Garnieren

Zubereitung

Kabeljau entgräten, Knoblauch und Zwiebel hacken, Oliven entsteinen und in Scheiben schneiden. Tipp: Du kannst den Kabeljau im Vorfeld für 24 Stunden wässern lassen, um überschüssiges Salz zu entfernen.

Schäle die Kartoffeln in feine Streifen und brate sie anschließend knusprig braun an.

Knoblauch und Zwiebeln glasig anbraten, dann den Kabeljau hinzufügen und ebenfalls kurz mit anbraten.

Vermische die Kartoffeln und den Fisch in der Pfanne miteinander, verquirle die Eier und gib sie darüber. Bei mittlerer Hitze stocken lassen und stetig umrühren.

Füge die Olivenscheiben hinzu, salzen, pfeffern und mit Petersilie verfeinern. Guten Appetit!

Nährwerte

Kalorien: 420-440 kcal
Fette: 23-25 g
Kohlenhydrate: 32-34 g
Proteine: 22-24 g

Erste Länderspiele: Die portugiesische Nationalmannschaft bestritt ihr erstes offizielles Länderspiel am 18. Dezember 1921 gegen Spanien, das mit 1:3 verloren wurde.

Größte Erfolge: Portugal gewann die Europameisterschaft 2016 in Frankreich, nachdem sie im Finale Gastgeber Frankreich besiegten. Sie erreichten auch das Finale der Europameisterschaft 2004, unterlagen jedoch Griechenland. Bei der Weltmeisterschaft erreichte Portugal 1966 das Halbfinale.

Rekordspieler: Cristiano Ronaldo ist der Rekordnationalspieler Portugals. Er hat über 180 Länderspiele für sein Land bestritten.

Rekordtorschütze: Auch Cristiano Ronaldo ist der Rekordtorschütze der portugiesischen Nationalmannschaft. Er hat insgesamt über 110 Tore während seiner Nationalmannschaftskarriere erzielt.

Trainerlegende: Fernando Santos ist der aktuelle Trainer der portugiesischen Nationalmannschaft. Er führte das Team zum Sieg bei der UEFA-Europameisterschaft 2016.

PASTÉIS DE NATA

Zutaten

- 150 g Blätterteig (fertig oder selbstgemacht)
- Mehl zum Ausrollen
- 100 ml Milch
- 50 g Zucker
- 1 Esslöffel Mehl
- 2 Eigelbe
- 1 Teelöffel Vanilleextrakt

Optional:
- Zimt zum Bestreuen
- Puderzucker zum Bestreuen

Zubereitung

Rolle den Blätterteig aus und schneide ihn in vier Stücke. Kleide anschließend deine Muffinform mit dem Teig aus.

Bringe die Milch in einem Topf zum Kochen.

In einer Schüssel werden Zucker, Mehl, Eigelbe sowie der Vanilleextrakt miteinander verrührt.

Gieße die heiße Milch schrittweise unter Rühren in die Ei-Masse. Danach zurück in den Topf geben und aufkochen lassen, bis sie eingedickt ist. Vom Herd nehmen und auskühlen lassen.

Fülle die Füllung in die vorbereiteten Backförmchen und backe sie bei 220 Grad Ober- und Unterhitze für etwa 15 bis 20 Minuten aus.

Nimm die Pastéis de Nata aus dem Ofen und lasse sie abkühlen.

Nach Belieben mit Zimt und Puderzucker garnieren und noch warm genießen.

Nährwerte

Kalorien: 220-240 kcal
Fette: 12-14 g
Kohlenhydrate: 28-30 g
Proteine: 4-5 g

Rekorde aus der Welt des Fußballs

Zwischen 1968 und 1976 blieb Iran in der AFC Asian Cup-Geschichte 16 Spiele lang ungeschlagen, was die längste Serie von ungeschlagenen Spielen darstellt.

Japan und Saudi-Arabien haben jeweils 4 AFC Asian Cup-Titel gewonnen, was die meisten Titel in der Geschichte des Wettbewerbs ausmacht.

Im Jahr 2000 besiegte Kuwait Bhutan mit 20:0 in einem einzigen AFC Asian Cup-Spiel, was die meisten Tore in einem Spiel des Wettbewerbs darstellt.

Ägypten blieb zwischen 2004 und 2010 in der CAF Africa Cup of Nations-Geschichte 19 Spiele lang ungeschlagen, was die längste Serie von ungeschlagenen Spielen in diesem Wettbewerb ist.

Die meisten Tore in einer einzigen WM-Endrunde: Ungarn erzielte 27 Tore bei der Weltmeisterschaft 1954 in der Schweiz.

SANGRIA (ALKOHOLFREI)

Zutaten

- 250 ml roter Traubensaft
- 250 ml Orangensaft
- 250 ml Sprudelwasser
- 1 Orange
- 1 Zitrone
- 1 Apfel
- n. B. Eiswürfel
- Optional: frische Minze
  zum Garnieren

Zubereitung

Fülle die Säfte und das Sprudelwasser in einen Krug.

Schneide die Früchte in Scheiben und gib sie in den Krug. Vorsichtig rühren.

Stelle die Sangria für mindestens eine Stunde kühl. So können sich die Aromen frei entfalten.

Vor dem Servieren Eiswürfel hinzufügen und nach Belieben mit frischer Minze garnieren.

Nährwerte

Kalorien: 110-130 kcal
Fette: <1 g
Kohlenhydrate: 28-30 g
Proteine: <1 g

RUMÄNIEN

ARDEI UMPLUȚI (GEFÜLLTE PAPRIKA)

Zutaten

- 2 große Paprika
- 100 g gemischtes
  Hackfleisch
- 50 g Reis
- 1 kleine Zwiebel
- 1 Knoblauchzehe
- 1 kleine Tomate
- 1 EL Tomatenmark
- 1 TLPaprikapulver
- Salz, Pfeffer
- 200 ml Gemüsebrühe
  Frische Petersilie oder
  Dill zum Garnieren

Zubereitung

Koche den Reis nach Packungsanleitung und stelle ihn anschließend beiseite.

Wasche die Paprikas und entferne den Deckel und die Kerne.

In einer Pfanne brätst du das Hackfleisch an. Füge dann die gehackten Zwiebeln und den gehackten Knoblauch hinzu.

Würfel die Tomaten und füge sie mit dem Tomatenmark ebenfalls hinzu. Mit Paprikapulver, Salz und Pfeffer verfeinern.

Gib im Anschluss den Reis dazu und vermenge alles gut miteinander.

Stelle die Paprikaschoten in einen Topf oder eine Auflaufform, gib die Füllung hinein und setze danach den Deckel wieder drauf.

Mit Gemüsebrühe übergießen und auf mittlerer Hitze für 30 bis 40 Minuten köcheln lassen, bis die Paprika weich ist und die Füllung heiß.

Mit frischen Kräutern garnieren und servieren.

Nährwerte

Kalorien: 260-280 kcal
Fette: 13-15 g
Kohlenhydrate: 28-30 g
Proteine: 17-19 g

Erste Länderspiele: Die rumänische Nationalmannschaft bestritt ihr erstes offizielles Länderspiel am 8. Juni 1922 gegen Jugoslawien, das mit 2:1 gewonnen wurde.

Größte Erfolge: Rumänien erreichte das Viertelfinale der Weltmeisterschaft zweimal, 1994 und 1998. Bei der Europameisterschaft erreichte Rumänien das Viertelfinale 2000.

Rekordspieler: Dorinel Munteanu ist der Rekordnationalspieler Rumäniens. Er bestritt über 130 Länderspiele für sein Land.

Rekordtorschütze: Gheorghe Hagi ist der Rekordtorschütze der rumänischen Nationalmannschaft. Er erzielte insgesamt über 35 Tore während seiner Nationalmannschaftskarriere.

Trainerlegende: Anghel Iordănescu war ein erfolgreicher Trainer der rumänischen Nationalmannschaft und führte das Team zu ihren größten Erfolgen in den 1990er Jahren.

PAPANASI (RUMÄNISCHE TOPFENKNÖDEL)

Zutaten

- 200 g Quark
- 1 Ei
- 50 g Weizenmehl
- 30 g Zucker
- 1 Prise Salz
- 1 Teelöffel Backpulver
- 0,5 Zitrone (Abrieb davon)
- Öl zum Frittieren
- 100 g saure Sahne
- 30 g Zucker
- n. B. Früchte zum Garnieren
- Optional: 1 EL Vanillezucker

Zubereitung

Gib den Quark in eine Schüssel und füge Ei, Zucker, Salz, Zitronenabrieb sowie Vanillezucker hinzu. Gut vermischen.

Nun folgen das Mehl und das Backpulver. Alles zu einem glatten Teig verkneten.

Forme kleine Bällchen (vier Stück) und forme in der Mitte eine kleine Mulde.

Frittiere die Knödel in einem Topf oder einer Fritteuse und lasse sie auf Küchenpapier abtropfen.

Verrühre zwischenzeitlich die Sahne mit dem Zucker, bis eine Soße entsteht.

Die Topfenknödel auf einem Teller anrichten und mit der Soße und frischen Früchten servieren. Guten Appetit!

Nährwerte

Kalorien: 320-340 kcal
Fette: 18-20 g
Kohlenhydrate: 35-37 g
Proteine: 12-14 g

Rekorde aus der Welt des Fußballs

Neuseeland hat insgesamt 5 OFC Nations Cup-Titel gewonnen, was die meisten Titel in der Geschichte des Wettbewerbs ausmacht.

Die längste Serie von WM-Teilnahmen: Brasilien hat sich für 16 aufeinanderfolgende Weltmeisterschaften qualifiziert.

Im Jahr 2010 besiegte die Elfenbeinküste Malawi mit 10:1 in einem einzigen Africa Cup of Nations-Spiel, was die meisten Tore in einem Spiel des Wettbewerbs darstellt.

Neuseeland blieb zwischen 1973 und 2002 in der OFC Nations Cup-Geschichte 15 Spiele lang ungeschlagen, was die längste Serie von ungeschlagenen Spielen darstellt.

Die meisten Gold Cup-Titel: Mexiko hat 11 CONCACAF Gold Cup-Titel gewonnen.

HOLUNDERLIMONADE

Zutaten

- 4 EL Holundersirup
- 500 ml Wasser
- 0,5 Zitrone (Saft davon)
- Eiswürfel
- Optional: Frische Minzblätter zum Garnieren

Zubereitung

Vermische das Wasser in einem Krug mit dem Holundersirup.

Füge den Zitronensaft hinzu und verrühre alles gut.

Gib die Eiswürfel in zwei Gläser und gieße die Limonade darüber.

Sofort servieren und genießen – mit oder ohne Minze.

Nährwerte

Kalorien: 90-100 kcal
Fette: <1 g
Kohlenhydrate: 22-24 g
Proteine: <1 g

SCHOTTLAND

SCOTCH PIE
(SCHOTTISCHE FLEISCHPASTETE)

Zutaten

- 200 g Mehl
- 100 g Butter
- 3 - 4 Esslöffel kaltes
  Wasser
- 200 g Rinderhackfleisch
- 1 kleine Zwiebel
- 1 TL Worcestersoße
- Salz, Pfeffer
- 100 ml Rinderbrühe
- Optional: 1 EL Mehl
  zum Andicken der
  Füllung

Zubereitung

Siebe das Mehl in eine Schüssel und füge die Butter hinzu. Mit den Fingern zu einer bröseligen Masse verarbeiten.

Gib nun eine Prise Salz und schrittweise Wasser hinzu, bis du einen gleichmäßigen Teig erhältst.

Zu einer Kugel formen und in Frischhaltefolie für etwa 30 Minuten im Kühlschrank ruhen lassen.

Für die Füllung brätst du das Hackfleisch an, bis es braun ist. Dann folgt die gehackte Zwiebel.

Füge Worcestersoße, Pfeffer, Salz und Rinderbrühe zum Hackfleisch hinzu und lasse das Ganze so lange köcheln, bis sich die Flüssigkeit etwas reduziert hat. Tipp: Falls die Füllung noch zu dick ist, kannst du optional etwas Mehl hinzufügen.

Teile den Teig in zwei Kugeln und rolle ihn aus. Die Teigkreise sollten etwas größer als das Backförmchen sein.

Bestücke die Backform mit dem ersten Teigkreis. Gib die Füllung in die Backform und decke sie mit dem zweiten Teigkreis zu. Gut verschließen und mit einem Messer kleine Einschnitte machen, damit Dampf entweichen kann.

Bei 180 Grad Ober- und Unterhitze für etwa 30 Minuten backen, bis die Scotch Pie goldbraun ist.

Nährwerte

Kalorien: 370-390 kcal
Fette: 23-25 g
Kohlenhydrate: 22-24 g
Proteine: 17-19 g

Erste Länderspiele: Die schottische Nationalmannschaft bestritt ihr erstes offizielles Länderspiel am 30. November 1872 gegen England, das 0:0 endete. Dieses Spiel gilt als das erste offizielle Fußballländerspiel der Geschichte.

Größte Erfolge: Schottland hat sich für acht Weltmeisterschaften qualifiziert, erreichte jedoch nie das Halbfinale. Bei der Europameisterschaft erreichte Schottland 1992 das Achtelfinale.

Rekordspieler: Kenny Dalglish ist der Rekordnationalspieler Schottlands. Er bestritt über 100 Länderspiele für sein Land.

Rekordtorschütze: Denis Law ist der Rekordtorschütze der schottischen Nationalmannschaft. Er erzielte insgesamt über 30 Tore während seiner Nationalmannschaftskarriere.

Trainerlegende: Sir Alex Ferguson war von 1985 bis 1986 Trainer der schottischen Nationalmannschaft. Er hatte auch eine erfolgreiche Karriere als Trainer von Manchester U.

SHORTBREAD
(SCHOTTISCHES MÜRBETEIGGEBÄCK)

Zutaten

- 100 g Mehl
- 50 g Butter
- 25 g Zucker
- 1 Prise Salz

Zubereitung

Heize deinen Backofen auf 160 Grad Ober- und Unterhitze vor.

Vermische das Mehl mit dem Zucker und der Prise Salz.

Gib die weiche Butter hinzu und knete den Teig mit den Händen, bis eine bröselige Masse entsteht.

Rolle den Teig auf einer bemehlten Arbeitsfläche aus. Er sollte circa einen Zentimeter dick sein.

Schneide das Shortbread in Stücke und backe es für etwa 15 bis 20 Minuten aus.

Auf einem Kuchengitter vollständig auskühlen lassen und zum nächsten Match genießen.

Nährwerte

Kalorien: 220-240 kcal
Fette: 13-15 g
Kohlenhydrate: 23-25 g
Proteine: 3-4 g

CLOUDY LEMONADE

Zutaten

- 2 große Zitronen
- 60 g Zucker
- 500 ml Wasser
- Eiswürfel zum Servieren
- Optional: Zitronen-
  scheiben und Minze zum
  Garnieren

Zubereitung

Presse die Zitronen aus, um etwa 120 ml Zitronensaft zu erhalten.

Gib den Zitronensaft in einen Krug und füge den Zucker hinzu. Umrühren, bis er sich vollständig aufgelöst hat.

Füge das Wasser hinzu und rühre erneut um.

Verteile die Limonade auf zwei Gläser und serviere das Ganze nach Belieben mit Eiswürfeln, Zitronenscheiben und Minze.

Nährwerte

Kalorien: 50-70 kcal
Fette: <1 g
Kohlenhydrate: 17-19 g
Proteine: <1 g

SCHWEIZ

KÄSEFONDUE

Zutaten

- 200 g geriebener Emmentaler
- 200 g geriebener Gruyère
- 1 Knoblauchzehe
- 200 ml Gemüsebrühe oder Apfelsaft
- 1 Esslöffel Maisstärke oder Kartoffelstärke
- 1 Esslöffel Zitronensaft
- 1 Prise Muskatnuss
- 1 Prise Pfeffer
- Brotwürfel, Gemüsesticks (z. B. Karotten, Paprika, Gurken) zum Eintauchen
- Optional: 1 Hauch Cayennepfeffer

Zubereitung

Vermische die Käsesorten in einer Schüssel miteinander.

Halbiere den Knoblauch und reibe den Fondue-Topf von innen mit der Schnittseite ein. Der Rest vom Knoblauch kann anderweitig verwendet werden.

Gib die Gemüsebrühe oder den Apfelsaft in den Fondue-Topf und koche das Ganze auf.

Maisstärke hinzufügen und vollständig auflösen lassen.

Gib den geriebenen Käse nach und nach in den Topf. Stetig rühren, bis eine cremige Konsistenz entsteht.

Füge nun den Zitronensaft hinzu und würze das Käsefondue mit Pfeffer, Muskatnuss und nach Belieben Cayennepfeffer.

Mit Brot und Gemüsesticks deiner Wahl anrichten und zu einer spannenden Partie Fußball genießen.

Nährwerte

Kalorien: 800-820 kcal
Fette: 64-66 g
Kohlenhydrate: 13-15 g
Proteine: 48-50 g

Erste Länderspiele: Die Schweizer Nationalmannschaft bestritt ihr erstes offizielles Länderspiel am 12. Februar 1905 gegen Frankreich, das mit 1:0 gewonnen wurde.

Größte Erfolge: Die Schweiz hat sich für elf Weltmeisterschaften qualifiziert, erreichte jedoch nie das Halbfinale. Bei der Europameisterschaft erreichte die Schweiz das Viertelfinale 2016.

Rekordspieler: Heinz Hermann ist der Rekordnationalspieler der Schweiz. Er bestritt über 118 Länderspiele für sein Land.

Rekordtorschütze: Alexander Frei ist der Rekordtorschütze der Schweizer Nationalmannschaft. Er erzielte insgesamt über 40 Tore während seiner Nationalmannschaftskarriere.

Trainerlegende: Ottmar Hitzfeld war von 2008 bis 2014 Trainer der Schweizer Nationalmannschaft. Er führte das Team erfolgreich durch mehrere internationale Wettbewerbe.

ENGADINER NUSSTORTE

Zutaten

- 100 g Mehl
- 50 g kalte Butter
- 25 g Zucker
- 1 Prise Salz
- 1 Esslöffel kaltes Wasser
- 50 g gehackte Walnüsse
- 50 g gehackte Haselnüsse
- 50 g gehackte Mandeln
- 75 g Butter
- 75 g Zucker
- 75 ml Sahne
- 1 TL Vanilleextrakt
- 1 Prise Salz

Zubereitung

Siebe das Mehl in eine Schüssel und gib eine Prise Salz hinzu.

Die kalte Butter in Stücken zum Mehl hinzugeben und mit Zucker zu einer krümeligen Masse verarbeiten.

Gib nach und nach Wasser hinzu, um einen gleichmäßigen Teig zu erhalten.

Forme eine Kugel aus dem Teig und stelle ihn für mindestens 30 Minuten in Frischhaltefolie gewickelt zum Ruhen in den Kühlschrank.

Für die Füllung hackst du die Nüsse klein und röstest sie ohne Öl in einer Pfanne an.

Vermische in einem kleinen Topf Butter, Zucker, Sahne, Vanilleextrakt und eine Prise Salz miteinander. Auf mittlerer Hitze unter Rühren zum Kochen bringen.

Die Nüsse hinzufügen, eindicken lassen, vom Herd nehmen und abkühlen lassen.

Rolle den Teig aus und bestücke eine kleine Backform damit.

Verteile die Nussfüllung gleichmäßig in der Backform und backe deine Nusstorte für 25 bis 30 Minuten bei 180 Grad Ober- und Unterhitze aus, bis sie goldbraun ist und die Füllung fest.

Auskühlen lassen, in Stücke schneiden und servieren.

Nährwerte

Kalorien: 380-400 kcal
Fette: 28-30 g
Kohlenhydrate: 28-30 g
Proteine: 7-8 g

Rekorde aus der Welt des Fußballs

Portugal hat an 14 U-20-Weltmeisterschaften teilgenommen, aber keinen Titel gewonnen, die meisten Teilnahmen an U-20-Weltmeisterschaften ohne Titelgewinn.

Mexiko hat an 16 U-17-Weltmeisterschaften teilgenommen, aber keinen Titel gewonnen, die meisten Teilnahmen an U-17-Weltmeisterschaften ohne Titelgewinn.

Deutschland besiegte Argentinien 11:0 bei der Frauen-Weltmeisterschaft 2007, die meisten Tore in einem einzigen Spiel der Frauen-Weltmeisterschaft.

Zwischen 1968 und 1976 blieb Iran in der AFC Asian Cup-Geschichte 16 Spiele lang ungeschlagen, was die längste Serie von ungeschlagenen Spielen darstellt.

Japan und Saudi-Arabien haben jeweils 4 AFC Asian Cup-Titel gewonnen, was die meisten Titel in der Geschichte des Wettbewerbs ausmacht.

HEISSER OVOMALTINE-KAKAO MIT MARSHMALLOWS

Zutaten

- 500 ml Milch
- 4 EL Ovomaltine Pulver
- 4 – 6 Marshmallows zum Garnieren
- Optional: Schokoladen-sirup zum Garnieren

Zubereitung

Erhitze die Milch in einem Topf. Sie sollte nicht kochen.

Füge das Kakaopulver hinzu und rühre, bis es sich vollständig aufgelöst hat.

Gieße den Kakao in zwei Tassen und garniere das Ganze mit Marshmallows und nach Belieben Schokoladensirup.

Sofort servieren und genießen.

Nährwerte

Kalorien: 220-240 kcal
Fette: 7-8 g
Kohlenhydrate: 28-30 g
Proteine: 9-10 g

KARAĐORĐEVA ŠNICLA
(SERBISCHE SCHNITZELROLLE)

Zutaten

- 2 Schweineschnitzel
- Mehl zum Panieren
- 1 Ei
- Semmelbrösel zum
  Panieren
- Öl zum Braten
  100 g Schafskäse
- 50 g geräucherter Speck
- 2 Esslöffel gehackte
  Petersilie
- 100 ml saure Sahne
- 1 Esslöffel Mayonnaise
- 1 Esslöffel gehackte
  Petersilie
- 0,5 Zitrone (Saft davon)
- Salz, Pfeffer
- Optional: 1 Prise
  Paprikapulver

Zubereitung

Klopfe die Schweineschnitzel flach und würze sie mit etwas Salz und Pfeffer.

Belege die Schnitzel mit Speckscheiben, gehackter Petersilie sowie Schafskäse. Rolle anschließend die Schnitzel fest auf.

Paniere die Schnitzelrolle, indem du sie erst in Mehl, dann in Ei und Semmelbröseln wälzt.

Brate die Rollen in einer Pfanne mit Öl an, bis sie knusprig goldbraun sind.

Verrühre für die Soße alle restlichen Zutaten miteinander und schmecke sie mit Salz und Pfeffer ab. Servieren und genießen. Dazu passen auch ideal Pommes und Salat.

Nährwerte

Kalorien: 420-440 kcal
Fette: 27-29 g
Kohlenhydrate: 12-14 g
Proteine: 32-34 g

Erste Länderspiele: Die serbische Nationalmannschaft bestritt ihr erstes offizielles Länderspiel am 27. August 2006 nach der Unabhängigkeit Serbiens gegen Tschechien, das mit 3:1 gewonnen wurde.

Größte Erfolge: Serbien war zuvor Teil Jugoslawiens und später Serbien-Montenegros. Als eigenständiges Land hat sich Serbien für die Weltmeisterschaft 2010 und 2018 sowie die Europameisterschaften 2008, 2012 und 2016 qualifiziert, jedoch noch keinen bedeutenden internationalen Titel gewonnen. Die Teilnahme an der Europameisterschaft 2024 ist die vierte Teilnahme seit der Unabhängigkeit 2006.

Rekordspieler: Branislav Ivanović ist der Rekordnationalspieler Serbiens. Er hat über 100 Länderspiele für sein Land bestritten.

Rekordtorschütze: Mit 38 Toren ist Savo Milošević der Rekordtorschütze der serbischen Nationalmannschaft.

Trainerlegende: Dragan Stojković, auch bekannt als "Piksi", ist eine der bekanntesten Persönlichkeiten im serbischen Fußball und war ein ehemaliger Nationalspieler. Er hat auch als Trainer gearbeitet.

VANILICE (SERBISCHE VANILLEPLÄTZCHEN)

Zutaten

ca. 12 Stück
- 100 g Butter
- 50 g Puderzucker
- 1 Eigelb
- 150 g Mehl
- 1 Teelöffel Vanilleextrakt
- 50 g Aprikosenmar-
  melade (oder eine andere
  Marmelade nach Wahl)
- Puderzucker zum
  Bestäuben

Zubereitung

Verrühre die Butter in einer Schüssel mit dem Puderzucker.

Füge das Eigelb sowie den Vanilleextrakt hinzu und vermische alles gut miteinander.

Nach und nach das Mehl hinzufügen und zu einem glatten Teig verkneten.

Für circa 30 Minuten im Kühlschrank ruhen lassen.

Heize deinen Backofen auf 180 Grad Ober- und Unterhitze vor und bestücke dein Backblech mit Backpapier.

Rolle den Teig auf einer bemehlten Arbeitsfläche aus. Er sollte etwa 0,5 cm dick sein. Stich nun kleine runde Plätzchen aus, beispielsweise mit einem schmalen Glas.

Backe die Plätzchen für etwa zehn bis zwölf Minuten aus.

Bestreiche die Hälfte der Plätzchen mit der Marmelade und setze jeweils einen Deckel darauf.

Mit Puderzucker bestäuben und servieren.

Nährwerte

Kalorien: 220-240 kcal
Fette: 13-15 g
Kohlenhydrate: 22-24 g
Proteine: 3-4 g

Rekorde aus der Welt des Fußballs

Ägypten hat insgesamt 7 Africa Cup of Nations-Titel gewonnen, was die meisten Titel in der Geschichte des Wettbewerbs ausmacht.

Die längste Serie von ungeschlagenen Spielen in der Copa América-Geschichte: Argentinien blieb zwischen 1945 und 1949 22 Spiele lang ungeschlagen.

Die meisten Copa América-Titel: Uruguay hat 15 Copa América-Titel gewonnen.

Spanien besiegte Neuseeland 13:0 bei der U-17-Weltmeisterschaft 1997, die meisten Tore in einem einzelnen Spiel der U-17-Weltmeisterschaft.

Deutschland blieb zwischen 2003 und 2011 15 Spiele lang ungeschlagen, die längste Serie von ungeschlagenen Spielen in der Geschichte der Frauen-Weltmeisterschaft.

PFLAUMENSAFT

Zutaten

- 500 g reife Pflaumen
- 500 ml Wasser
- Optional: Zucker oder
  Süßstoff nach Ge-
  schmack

Zubereitung

Wasche, entsteine und schneide die Pflaumen.

Gib die Pflaumen in einen Topf und bedecke
sie komplett mit Wasser. Zum Kochen bringen
und anschließend für 20 bis 30 Minuten bei
schwacher Temperatur köcheln lassen.

Den Saft sieben und die Pflaumen dabei gut
ausdrücken.

Nach Belieben mit Zucker oder Süßstoff
süßen und sofort mit Eiswürfeln servieren
oder zunächst in den Kühlschrank stellen.

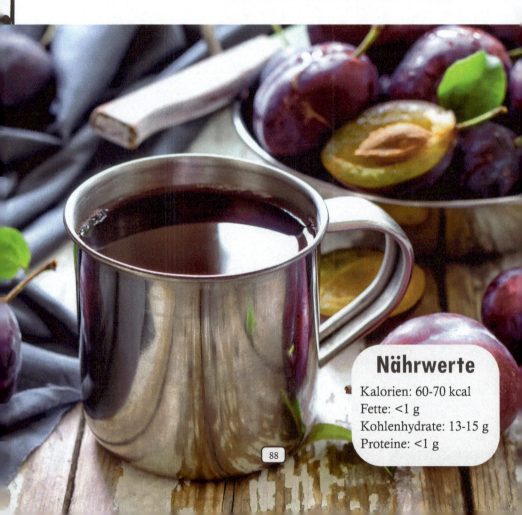

Nährwerte

Kalorien: 60-70 kcal
Fette: <1 g
Kohlenhydrate: 13-15 g
Proteine: <1 g

SLOWAKEI

LOKŠE
(WESTSLOWAKISCHE KARTOFFELFLADEN)

Zutaten

- 300 g Kartoffeln
- 100 g Mehl
- 1 Prise Salz
- Öl oder Butter zum
  Braten

Zubereitung

Kartoffeln schälen, würfeln und kochen.

Mit einem Kartoffelstampfer die abgegossenen Kartoffeln zu einem glatten Brei zerdrücken.

Füge das Mehl und eine Prise Salz zu dem Kartoffelbrei hinzu. Alles zu einem Teig verkneten.

Bemehle deine Arbeitsfläche und rolle den Teig etwa 0,5 cm dick aus.

Stich Kreise aus und brate die Kartoffelfladen beidseitig in einer Pfanne an. Am Ende sollten sie goldbraun sein.

Serviere die Lokše nach Belieben mit Apfelmus oder einem Dip deiner Wahl.

Nährwerte

Kalorien: 230-250 kcal
Fette: 3-4 g
Kohlenhydrate: 45-47 g
Proteine: 6-7 g

Erste Länderspiele: Die slowakische Nationalmannschaft bestritt ihr erstes offizielles Länderspiel am 2. Juli 1994 nach der Teilung der Tschechoslowakei gegen die Vereinigten Arabischen Emirate, das mit 1:0 gewonnen wurde.

Größte Erfolge: Die Slowakei erreichte das Achtelfinale der Weltmeisterschaft 2010 in Südafrika. Bei der Europameisterschaft 2016 erreichte die Slowakei ebenfalls das Achtelfinale.

Rekordspieler: Miroslav Karhan ist der Rekordnationalspieler der Slowakei. Er hat über 100 Länderspiele für sein Land bestritten.

Rekordtorschütze: Mit 25 Toren ist Róbert Vittek der Rekordtorschütze der slowakischen Nationalmannschaft.

Trainerlegende: Ján Kocian war ein erfolgreicher Trainer der slowakischen Nationalmannschaft und führte das Team durch mehrere internationale Wettbewerbe.

PARENÉ BUCHTY (SLOWAKISCHE DAMPFNUDEL)

Zutaten

- 250 g Mehl
- 1 TL Trockenhefe
- 1 EL Zucker
- 125 ml Milch
- 30 g Butter
- 1 Prise Salz
- Pflaumenmus oder
  Aprikosenmarmelade
- 1 EL geschmolzene
  Butter

Zubereitung

Vermische in einer kleinen Schüssel Trockenhefe mit dem Zucker und der lauwarmen Milch. Lasse das Ganze für circa fünf bis zehn Minuten ruhen, um die Hefe zu aktivieren.

In einer großen Schüssel vermischst du währenddessen das Mehl mit einer Prise Salz. Füge dann die Butter (geschmolzen) hinzu sowie die Hefe-Mischung.

Knete den Teig, bis er schön glatt ist. Bei Bedarf kannst du noch etwas Milch oder Mehl hinzugeben. Lass ihn anschließend für circa eine Stunde im Kühlschrank ruhen.

Rolle deinen Teig auf einer Arbeitsfläche aus und schneide ihn in gleichmäßige Quadrate. Gib dann jeweils einen Teelöffel Marmelade auf die Quadrate.

Drücke die Ränder zusammen, um Taschen zu formen. Verschließe die Nähte gut miteinander.

Dampfe die Dampfnudeln in einem Dampfgarer oder über einem Wasserbad, bis sie aufgegangen und gut durchgekocht sind. Dies dauert circa 20 bis 25 Minuten.

Die fertigen Dampfnudeln kannst du mit etwas Butter bestreichen und nach Belieben mit Vanillesoße servieren.

Nährwerte

Kalorien: 330-350 kcal
Fette: 9-10 g
Kohlenhydrate: 55-57 g
Proteine: 6-7 g

Rekorde aus der Welt des Fußballs

Italien blieb bei der Weltmeisterschaft 2006 insgesamt 5 Spiele lang ohne Gegentor, die längste Serie ohne Gegentor in einem internationalen Wettbewerb.

Brasilien besiegte Schweden 5:2 im Finale der Weltmeisterschaft 1958, der höchste Sieg in einem WM-Finale.

Österreich besiegte die Schweiz 7:5 bei der Weltmeisterschaft 1954, was das höchste Gesamtergebnis in einem WM-Spiel ist.

Spanien blieb zwischen 2008 und 2012 14 Spiele lang ungeschlagen, die längste Serie von ungeschlagenen Spielen bei einer EM

Im Jahr 2000 besiegte Kuwait Bhutan mit 20:0 in einem einzigen AFC Asian Cup-Spiel, was die meisten Tore in einem Spiel des Wettbewerbs darstellt.

MET/HONIGWEIN (ALKOHOLFREI)

Zutaten

- 500 ml Apfelsaft (ungesüßt)
- 2 EL Honig
- 1 Zimtstange
- 3 Nelken
- 1 Sternanis
- 1 Orange
- Optional: Zitronensaft nach Geschmack

Zubereitung

Bringe den Apfelsaft in einem Topf auf mittlerer Hitze zum Kochen.

Honig hinzufügen und umrühren.

Nun folgen die Zimtstange, drei Nelken, Sternanis und die Orange (in Scheiben geschnitten).

Hitze reduzieren und für 15 bis 20 Minuten köcheln lassen.

Sieben, mit Zitronensaft abschmecken und direkt servieren.

Nährwerte

Kalorien: 110-130 kcal
Fette: <1 g
Kohlenhydrate: 23-24 g
Proteine: <1 g

SLOWENIEN

IDRIJSKI ŽLIKROFI (SLOWENISCHE KNÖDEL)

Zutaten

- 200 g Mehl
- 100 ml Wasser
- 1 TL Salz
- 1 Kartoffel
- 100 g Quark
- 1 EL Butter
- 1 Eigelb
- 1 TL gehackte Petersilie
- Salz, Pfeffer

Zubereitung

Vermische für den Teig das Mehl mit dem Wasser und dem Salz. Verknete das Ganze zu einem geschmeidigen Teig und lasse ihn in Frischhaltefolie gewickelt für etwa 30 Minuten ruhen.

Indes kannst du die Kartoffel schälen, kochen und anschließend zerstampfen.

Vermische die Kartoffel mit dem Quark, Eigelb, der gehackten Petersilie sowie Salz und Pfeffer.

Rolle den gekühlten Teig aus und steche Kreis aus. Auf jeden Kreis gibst du einen Teelöffel der Quark-Kartoffel-Mischung.

Bestreiche die Ränder mit Wasser und klappe den Teig zusammen. Fest verschließen.

Koche die Knödel für etwa fünf bis sieben Minuten, bis sie langsam an die Oberfläche steigen.

Abschöpfen und in einer Pfanne mit etwas Öl schwenken. Heiß servieren.

Nährwerte

Kalorien: 370-390 kcal
Fette: 9-10 g
Kohlenhydrate: 65-67 g
Proteine: 11-13 g

Erste Länderspiele: Die slowenische Nationalmannschaft bestritt ihr erstes offizielles Länderspiel am 3. Juni 1992 gegen Estland, das mit 1:1 endete.

Größte Erfolge: Slowenien qualifizierte sich für die Weltmeisterschaft 2002 in Südkorea und Japan, wo sie in der Gruppenphase spielten. Bei der Europameisterschaft 2000 in Belgien und den Niederlanden erreichte Slowenien ebenfalls die Gruppenphase.

Rekordspieler: Zlatko Zahovič ist der Rekordnationalspieler Sloweniens. Er bestritt über 80 Länderspiele für sein Land.

Rekordtorschütze: Mit 35 Toren ist Zlatko Zahovič auch der Rekordtorschütze der slowenischen Nationalmannschaft.

Trainerlegende: Srečko Katanec war ein erfolgreicher Trainer der slowenischen Nationalmannschaft und führte das Team zur Qualifikation für die Weltmeisterschaft 2002.

PREKMURSKA GIBANICA (SLOWENISCHER SCHICHTKUCHEN)

Zutaten

- 100 g Mohnfüllung (Mohn, Zucker, Milch)
- 100 g Walnussfüllung (gemahlene Walnüsse, Zucker, Milch)
- 100 g Apfelfüllung (Äpfel, Zucker, Zimt, Rosinen)
- 100 g Quarkfüllung (Quark, Zucker Vanillezucker, Eigelb)
- 200 g Blätterteig (aus dem Kühlregal)
- 1 Ei
- 1 EL Sahne
- Puderzucker zum Bestäuben

Zubereitung

Bereite die einzelnen Füllungen vor, indem du die Zutaten miteinander vermischst und abschmeckst.

Schneide deinen Blätterteig in zwei große Stücke.

Fette eine Auflaufform mit Butter ein und lege sie mit einem Stück des Blätterteigs aus.

Schichte die Füllungen abwechselnd auf den Teig: Mohnfüllung, Walnussfüllung, Apfelfüllung, Quarkfüllung.

Lege den zweiten Teig über die Füllungen und verschließe die Ränder gut.

Vermische die Sahne mit dem Ei und bestreiche deinen Kuchen damit.

Bei 180 Grad Ober- und Unterhitze für circa 40 bis 45 Minuten backen und vor dem Servieren mit Puderzucker bestreuen. Guten Appetit!

Nährwerte

Kalorien: 380-400 kcal
Fette: 22-24 g
Kohlenhydrate: 35-37 g
Proteine: 8-9 g

Rekorde aus der Welt des Fußballs

Ungarn besiegte El Salvador 10:1 bei der FIFA U-20-Weltmeisterschaft 2001, die meisten Tore in einem einzelnen Spiel der FIFA U-20-Weltmeisterschaft.

Brasilien blieb zwischen 2003 und 2009 19 Spiele lang ungeschlagen, die längste Serie von ungeschlagenen Spielen in der Geschichte der FIFA U-17-Weltmeisterschaft.

Ägypten blieb zwischen 2004 und 2010 in der CAF Africa Cup of Nations-Geschichte 19 Spiele lang ungeschlagen, was die längste Serie von ungeschlagenen Spielen in diesem Wettbewerb ist.

Deutschland hat drei Europameisterschaften (1972, 1980, 1996) gewonnen, die meisten EM-Titel.

Die längste Serie von ungeschlagenen Spielen in der Nations League-Geschichte: Portugal blieb zwischen 2018 und 2020 9 Spiele lang ungeschlagen.

HEIßE VANILLE-SCHOKOLADE

Zutaten

- 7 g Kartoffelstärke
- 10 g Bitterkakaopulver
  (hoher Kakaoanteil)
- 200 ml Milch
- 30 g Dattelsirup
- 15 g Haselnussmus
- 1 Msp Bourbon Vanille

Zubereitung

Vermische die Kartoffelstärke mit dem Kakao und gib beides in einen Topf.

Gib die Milch hinzu und verrühre alles gleichmäßig mit einem Schneebesen.

Dattelsirup hinzugeben.

Bringe die Masse unter stetigem Rühren zum Kochen. Wenn es kocht, folgen Haselnussmus sowie Vanille.

Lasse deinen slowenischen Kakao für etwa ein bis zwei Minuten köcheln.

Fülle deinen Kakao in zwei Tassen und löffele ihn. Wundere dich dabei nicht über die dickflüssige Konsistenz – das ist normal.

Tipp: Original wird der Kakao aus Espressotassen „getrunken". Wenn du ihn auskühlen lässt, dann kannst du ihn als leckeren Schokopudding genießen.

Nährwerte

Kalorien: 160-170 kcal
Fette: 8-9 g
Kohlenhydrate: 18-20 g
Proteine: 7-8 g

SPANIEN

PAELLA (SPANISCHE REISPFANNE)

Zutaten

- 200 g Paella-Reis
- 200 g Hähnchenbrustfilet
- 100 g Garnelen
- 1 rote Paprika
- 1 grüne Paprika
- 1 Zwiebel
- 2 Knoblauchzehen
- 100 g Erbsen (frisch oder tiefgekühlt)
- 400 ml Gemüsebrühe
- 2 EL Olivenöl
- 1 TL Paprikapulver
- Optional: 1 TL Safranfäden
- Salz, Pfeffer
- Zitronenspalten zum Servieren

Zubereitung

Erhitze das Olivenöl in einer Pfanne und brate die klein geschnittene Hähnchenbrust an. Herausnehmen und zunächst beiseitestellen.

Schäle die Garnelen, entdarme sie und brate sie ebenfalls an. Ebenfalls beiseitestellen.

Brate die Zwiebel und den Knoblauch an, dann die Paprikastreifen hinzufügen.

Gib den Reis und das Paprikapulver hinzu und röste beides kurz an.

Nun folgen die Gemüsebrühe und nach Bedarf die Safranfäden. Rühre gut um und lass deine Paella kurz aufkochen, danach für etwa 15 bis 20 Minuten auf niedriger Hitze köcheln.

Hähnchen, Garnelen und Erbsen unterheben und mit Salz und Pfeffer abschmecken.

Nimm deine Paella vom Herd und lasse sie für etwa fünf Minuten ziehen, bevor du sie servierst. Mit Zitronenspalten garnieren und genießen.

Nährwerte

Kalorien: 420-440 kcal
Fette: 12-13 g
Kohlenhydrate: 55-57 g
Proteine: 27-29 g

Erste Länderspiele: Die spanische Nationalmannschaft bestritt ihr erstes offizielles Länderspiel am 28. August 1920 gegen Dänemark, das mit 1:0 gewonnen wurde.

Größte Erfolge: Spanien ist eine der erfolgreichsten Fußballnationalmannschaften der Geschichte. Sie haben die Weltmeisterschaft 2010 in Südafrika gewonnen und wurden bei der Europameisterschaft dreimal (1964, 2008 und 2012) zum Champion gekrönt.

Rekordspieler: Iker Casillas ist der Rekordnationalspieler Spaniens. Er bestritt über 170 Länderspiele für sein Land.

Rekordtorschütze: David Villa ist der Rekordtorschütze der spanischen Auswahl. Er erzielte insgesamt 59 Tore während seiner Nationalmannschaftskarriere.

Trainerlegende: Vicente del Bosque war der Trainer der spanischen Nationalmannschaft während ihres Sieges bei der Weltmeisterschaft 2010 und der Europameisterschaft 2012.

Fußballkultur: Die Spanier sind bekannt für ihren technisch anspruchsvollen Spielstil, der als "tiki-taka" bekannt ist, sowie für ihre leidenschaftlichen Fans und die große Anzahl talentierter Spieler.

FLAN
(SPANISCHE EIER-DESSERT)

Zutaten

- 2 Eier
- 300 ml Milch
- 50 g Zucker
- 1 TL Vanilleextrakt oder
  Vanillezucker

Optional:
- Karamellsoße
- frische Früchte zum
  Servieren

Zubereitung

Heize deinen Backofen auf 200 Grad Ober- und Unterhitze vor.

Vermische die Eier mit Milch, Zucker sowie dem Vanilleextrakt.

Nimm deine Auflaufform oder zwei kleine hitzebeständige Formen und kleide sie mit Karamellsoße ein, insofern gewünscht.

Gib nun die Eiermischung vorsichtig in die Form.

Stelle die Backform(en) in eine größere Form und fülle etwas Wasser hinein. Dadurch entsteht eine Art Wasserbad, wodurch verhindert wird, dass die Flans zu schnell braun werden.

Backe die Flans für circa 40 bis 45 Minuten und lasse sie, wenn sie fest sind aber noch etwas wackeln, in Wasserbad auskühlen.

Für mindestens zwei Stunden kaltstellen, dann vorsichtig aus den Formen lösen und mit Früchten deiner Wahl servieren.

Nährwerte

Kalorien: 220-240 kcal
Fette: 13-15 g
Kohlenhydrate: 22-24 g
Proteine: 9-10 g

HORCHATA

Zutaten

- 150 g geschälte
  Erdmandeln (Chufas)
- 1 Liter Wasser
- 50 g Zucker
- Optional: 1 Teelöffel
  Zimt
- Eiswürfel zum Servieren

Zubereitung

Spüle die Erdmandeln gründlich ab und lasse sie anschließend in 500 ml Wasser über Nacht einweichen.

Gib die Mandeln inklusive Wasser in einen Mixer und mixe gut durch, bis eine cremige Masse entsteht.

Sieben und den Rückstand gut auspressen, um wirklich die gesamte Flüssigkeit zu erhalten.

Die gesiebte Mandelmilch bis 500 ml Wasser sowie Zucker und nach Belieben Zimt mischen. Rühren, bis sich der Zucker komplett aufgelöst hat.

Kalt stellen oder mit Eiswürfeln direkt servieren.

Nährwerte

Kalorien: 130-140 kcal
Fette: 3-4 g
Kohlenhydrate: 27-29 g
Proteine: 2-3 g

TSCHECHIEN

BRAMBORÁKY
(TSCHECHISCHE KARTOFFELPUFFER)

Zutaten

- 500 g Kartoffeln
- 1 Zwiebel
- 2 Eier
- 2 EL Mehl
- Salz, Pfeffer
- Öl zum Braten

Zubereitung

Raspel die Kartoffeln klein, die Zwiebeln werden gehackt.

Drücke die geriebenen Kartoffeln durch ein Küchentuch aus, um überschüssige Flüssigkeit zu entfernen.

Gib die Kartoffeln mit der Zwiebel, Eiern und Mehl in eine Schüssel. Mit Salz und Pfeffer würzen und alles gut vermengen.

Erhitze etwas Öl in einer Pfanne und gib einen Esslöffel der Kartoffelmischung hinein. Flachdrücken und beidseitig goldbraun anbraten.

Auf einem Küchenpapier abtropfen lassen und mit saurer Sahne oder Apfelmus servieren.

Nährwerte

Kalorien: 230-250 kcal
Fette: 9-10 g
Kohlenhydrate: 27-29 g
Proteine: 6-7 g

Erste Länderspiele: Die tschechische Nationalmannschaft bestritt ihr erstes offizielles Länderspiel am 23. Februar 1994 gegen die Türkei, das mit 4:1 gewonnen wurde.

Größte Erfolge: Tschechien hat sich bereits mehrfach für die Weltmeisterschaften (1998, 2006, 2010 und 2014) sowie die Europameisterschaften (2000, 2004, 2008, 2012, 2016) qualifiziert. Ihr größter Erfolg war der zweite Platz bei der Europameisterschaft 1996, als sie im Finale Deutschland unterlagen.

Rekordspieler: Petr Čech ist der Rekordnationalspieler Tschechiens. Er bestritt über 120 Länderspiele für sein Land.

Rekordtorschütze: Jan Koller ist der Rekordtorschütze der tschechischen Nationalmannschaft. Er erzielte insgesamt 55 Tore während seiner Karriere als Spieler.

Trainerlegende: Karel Brückner war ein erfolgreicher Trainer der tschechischen Nationalmannschaft und führte das Team durch mehrere internationale Wettbewerbe, darunter die Europameisterschaft 2004, bei der sie das Halbfinale erreichten.

BUCHTY (TSCHECHISCHE BUCHTELN)

Zutaten

- 250 g Mehl
- 1 TL Trockenhefe
- 50 g Zucker
- 1 Ei
- 125 ml Milch
- 50 g Butter
- 1 Prise Salz
- 2 EL Marmelade (z. B. Aprikosenmarmelade)
- Optional: 1 TL Zimt

Zubereitung

Löse die Trockenhefe in warmer Milch auf und lasse sie kurz stehen. Sie sollte etwas schaumig werden.

Siebe das Mehl in eine große Schüssel und bilde in der Mitte eine Mulde. Gib das Ei, Zucker, die geschmolzene Butter sowie die Hefemischung und eine Prise Salz in die Vertiefung und verknete alles zu einem glatten Teig. Für eine Stunde an einem warmen Ort ruhen lassen.

Rolle den Teig auf einer bemehlten Arbeitsfläche circa einen Zentimeter dick aus – bestenfalls zu einem Rechteck.

Verteile die Marmelade auf dem Teig und streue nach Belieben etwas Zimt darüber.

Rolle deinen Teig von der langen Seite aus auf und schneide die Rolle in sechs bis acht gleich große Stückchen.

Mit der Naht nach unten auf ein Backpapier legen und nochmals 30 Minuten gehen lassen.

Anschließend bei 180 Grad Ober- und Unterhitze für 20 bis 25 Minuten ausbacken, mit Puderzucker bestreuen und warm genießen.

Nährwerte

Kalorien: 270-290 kcal
Fette: 9-10 g
Kohlenhydrate: 42-44 g
Proteine: 6-7 g

Rekorde aus der Welt des Fußballs

Spanien blieb zwischen 2006 und 2009 35 Spiele lang ungeschlagen, die längste Serie ungeschlagener Spiele.

Brasilien hat an allen 21 Weltmeisterschaften teilgenommen, die meisten WM-Teilnahmen.

Deutschland besiegte San Marino 13:0 in einem EM-Qualifikationsspiel 2006, die meisten Tore in einem EM-Qualifikationsspiel.

Mexiko blieb zwischen 2007 und 2011 - 18 Spiele lang ungeschlagen, die längste Serie von ungeschlagenen Spielen in der CONCACAF Gold Cup-Geschichte.

England hat an 9 Europameisterschaften teilgenommen, aber keinen Titel gewonnen, die meisten Teilnahmen an Europameisterschaften ohne Titelgewinn.

BIRNENKOMPOTT

Zutaten

- 2 reife Birnen
- 250 ml Wasser
- 2 EL Zucker
- 1 Zimtstange
- Optional: 1 Sternanis
- 1 TL Zitronensaft (frisch
  gepresst)

Zubereitung

Schneide die Birnen klein und bringe sie in einem Topf mit dem Wasser zum Kochen.

Zucker, Sternanis und die Zimtstange ebenfalls hinzugeben und auf niedriger Hitze 15 bis 20 Minuten köcheln lassen.

Zitronensaft hinzugeben und umrühren.

Sternanis und Zimtstange vor dem Servieren entfernen.

Entweder warm oder kalt servieren. Beides ist ein absoluter Genuss!

Nährwerte

Kalorien: 90-100 kcal
Fette: <1 g
Kohlenhydrate: 23-25 g
Proteine: <1 g

TÜRKEI

PIDE (TÜRKISCHE PIZZASCHIFFCHEN)

Zutaten

- 250 g Mehl
- 1 TL Trockenhefe
- 1 TL Zucker
- 150 ml lauwarmes
  Wasser
- 1 EL Olivenöl
- 200 g Hackfleisch (tradi-
  tionell kein Schwein)
- 1 Zwiebel
- 1 Tomate
- 0,5 grüne Paprika
- 0,5 rote Paprika
- 1 Knoblauchzehe
- 1 TL Paprikapulver
- 1 TL Kreuzkümmel
- Salz, Pfeffer
- Frische Petersilie zum
  Garnieren

Zubereitung

Siebe das Mehl in eine Schüssel und bilde eine Mulde. Gib Trockenhefe und Zucker in die Mulde und gieße etwas lauwarmes Wasser darüber. Für etwa zehn Minuten ruhen lassen, damit die Hefe aktiviert wird.

Füge das restliche Wasser, Salz sowie Olivenöl zum Teig hinzu und verknete alles zu einer gleichmäßigen Masse. Nach Bedarf mit Mehl oder Wasser anpassen.

Der Teig sollte anschließend zugedeckt für etwa eine Stunde an einem warmen Ort ruhen.

Währenddessen kannst du das Hackfleisch in der Pfanne anbraten, dann den gehackten Knoblauch und die gehackten Zwiebeln hinzufügen.

Würfel das Gemüse und füge es ebenfalls zum Hackfleisch hinzu. Brate das Ganze für circa fünf Minuten, bis das Gemüse weich ist. Dann folgen die Gewürze. Vom Herd nehmen und auskühlen lassen.

Heize deinen Backofen auf 200 Grad Ober- und Unterhitze vor.

Teile deinen Teig in zwei gleich große Portionen und rolle sie oval aus. Fülle den Teig auf die beiden Ovale und lasse jeweils rundum einen schmalen Rand.

Klappe die Ränder über die Füllung, sodass kleine Schiffchen entstehen. Backe deine klassischen Pide für etwa 15 bis 20 Minuten aus und serviere sie hinterher mit frischer Petersilie.

Nährwerte

Kalorien: 420-440 kcal
Fette: 18-20 g
Kohlenhydrate: 47-49 g
Proteine: 23-25 g

Erste Länderspiele: Die türkische Nationalmannschaft bestritt ihr erstes offizielles Länderspiel am 26. Oktober 1923 gegen Rumänien, das mit 2:2 endete.

Größte Erfolge: Die Türkei erreichte bei der Weltmeisterschaft 2002 in Südkorea und Japan das Halbfinale, was ihr bisher größter Erfolg ist. Bei der Europameisterschaft 2008 in Österreich und der Schweiz erreichte die Türkei ebenfalls das Halbfinale.

Rekordspieler: Rüştü Reçber ist der Rekordnationalspieler der Türkei. Er bestritt über 120 Länderspiele für sein Land.

Rekordtorschütze: Hakan Şükür erzielte insgesamt 51 Tore während seiner Nationalmannschaftskarriere.

Trainerlegende: Fatih Terim ist eine legendäre Figur im türkischen Fußball und war mehrmals Trainer der Nationalmannschaft, darunter während des Erfolgs bei der Weltmeisterschaft 2002.

BAKLAVA
(FILOTEIG-HONIG GEBÄCK)

Zutaten

- 6 Blätter Filoteig
- 100 g geschmolzene Butter
- 100 g gemahlene Pistazien
- 50 g gemahlene Mandeln
- 50 g Zucker
- 1 TL Zimt
- 100 ml Wasser
- 100 g Zucker
- 1 EL Honig
- 0,5 Zitrone (Saft davon)
- Optional: 1 Zimtstange

Zubereitung

Heize deinen Backofen auf 180 Grad Ober- und Unterhitze vor.

Vermische die Pistazien, Mandeln, 50 g Zucker und Zimt in einer Schüssel.

Fette eine Backform mit der geschmolzenen Butter ein. Bestücke sie mit jeweils drei Blättern Filoteig. Bestreiche sie anschließend ebenfalls mit Butter.

Nun folgt die Hälfte der Nussmischung, dann wieder Filoteig. Ebenfalls mit Butter bestreichen und die restliche Nussmischung darauf verteilen. Dann in kleine Quadrate schneiden und für 20 bis 25 Minuten ausbacken.

Währenddessen geht es an den Sirup. Dafür Wasser, Zucker und Honig in einem Topf verrühren (nach Belieben auch die Zimtstange) und kurz aufkochen lassen. Danach den Zitronensaft hinzugeben und für etwa fünf Minuten köcheln lassen.

Die Baklava nach dem Backen direkt mit Sirup versehen und anschließend komplett auskühlen lassen, bevor du sie servierst.

Nährwerte

Kalorien: 320-340 kcal
Fette: 19-21 g
Kohlenhydrate: 32-34 g
Proteine: 6-7 g

AYRAN

Zutaten

- 300 ml Joghurt
- 150 ml Wasser
- 0,5 TL Salz
- Optional: frische Minze

Zubereitung

Gib den Joghurt mit Wasser und Salz in eine Schüssel, bis eine homogene Masse entsteht.

Falls du Minze verwendest, wird diese gewaschen, gehackt und ebenfalls unter den Ayran gemischt.

Auf zwei Gläser verteilen und kühl genießen.

Nährwerte

Kalorien: 70-80 kcal
Fette: 4-5 g
Kohlenhydrate: 7-8 g
Proteine: 4-5 g

BORSCHTSCH
(UKRAINISCHER ROTE-BETE-EINTOPF)

Zutaten

- 2 mittelgroße Rote Bete
- 1 große Kartoffel
- 1 mittelgroße Zwiebel
- 1 große Karotte
- 2 Knoblauchzehen
- 1 kleine grüne Paprika
- 2 EL Tomatenmark
- 1 Liter Gemüsebrühe
- 2 EL Essig
- Salz, Pfeffer
- 1 Lorbeerblatt
- Sauerrahm oder Joghurt
  zum Servieren
- Frische Petersilie oder
  Dill zum Garnieren

Zubereitung

Schneide und hacke alles an Gemüse, Knoblauch und Zwiebel klein und bereite anschließend einen großen Topf vor.

Gib etwas Öl in den Topf und dünste die Zwiebeln glasig an.

Dann folgen die Karotte und der Knoblauch. Ebenfalls für zwei bis drei Minuten braten.

Gib die Kartoffeln und die Rote Bete hinzu und brate beides kurz an.

Rühre das Tomatenmark ein und lasse das Ganze etwa zwei Minuten kochen.

Gemüsebrühe und Lorbeerblatt hinzugeben und auf niedriger Hitze etwa 30 bis 40 Minuten köcheln lassen.

Essig hinzufügen und mit Salz und Pfeffer abschmecken.

Serviere die Suppe am besten heiß mit einem Klecks Sauerrahm oder Joghurt und garniere das Ganze mit frischen Kräutern.

Nährwerte

Kalorien: 170-190 kcal
Fette: 4-5 g
Kohlenhydrate: 27-29 g
Proteine: 5-6 g

Erste Länderspiele: Die ukrainische Nationalmannschaft bestritt ihr erstes offizielles Länderspiel am 29. April 1992 gegen Ungarn, das mit 3:1 gewonnen wurde.

Größte Erfolge: Die Ukraine qualifizierte sich für die Weltmeisterschaft 2006 in Deutschland, wo sie das Viertelfinale erreichte, was ihr bisher größter Erfolg ist. Bei der Europameisterschaft erreichte die Ukraine das Viertelfinale 2012, als sie das Turnier gemeinsam mit Polen ausrichtete.

Rekordspieler: Anatoliy Tymoshchuk ist der Rekordnationalspieler der Ukraine. Er bestritt über 140 Länderspiele für sein Land.

Rekordtorschütze: Andriy Shevchenko ist der Rekordtorschütze der ukrainischen Nationalmannschaft und erzielte insgesamt 48 Tore.

Trainerlegende: Anatoliy Shevchenko war ein erfolgreicher Trainer der ukrainischen Nationalmannschaft und führte das Team durch mehrere internationale Wettbewerbe.

SYRNYKY
(UKRAINISCHE QUARKPFANNKUCHEN)

Zutaten

- 200 g Quark
- 1 Ei
- 2 EL Zucker
- 4 EL Mehl
- 1 Prise Salz
- Optional: 1 TL Vanille-
  extrakt oder Vanillezucker
- Butter oder Öl zum
  Braten

Zubereitung

Gib den Quark in eine Schüssel und rühre ihn mit einem Löffel glatt.

Füge Ei, Zucker, Mehl, Salz und nach Belieben den Vanilleextrakt hinzu und vermische alles gleichmäßig, bis ein homogener Teig entsteht.

Erhitze etwas Butter oder Öl in einer Pfanne und gib jeweils einen Esslöffel des Teiges hinein. Leicht flach drücken, damit kleine Pfannkuchen entstehen.

Für etwa zwei bis drei Minuten je Seite ausbacken und auf einem Stück Küchenpapier abtropfen lassen.

Serviere deine Quarkpfannkuchen warm mit Früchten, Honig, saurer Sahne oder Apfelmus.

Nährwerte

Kalorien: 220-240 kcal
Fette: 9-10 g
Kohlenhydrate: 23-25 g
Proteine: 11-13 g

KEFIR

Zutaten

- 500 ml Milch
- 2 EL Kefirkulturen oder 2 EL Kefir als Starter

Zubereitung

Fülle die Milch in einen sauberen Glasbehälter und füge die Kefirkulturen oder den Kefir als Starter hinzu. Gut vermischen.

Decke den Behälter mit einem Deckel oder Geschirrtuch zu und lasse ihn an einem warmen Ort für 24 bis 48 Stunden fermentieren, bis er den gewünschten Geschmack und die gewünschte Konsistenz hat.

Danach in den Kühlschrank stellen und kalt servieren. Du kannst deinen Kefir nach Belieben auch süßen oder mit Früchten verfeinern.

Nährwerte

Kalorien: 120-140 kcal
Fette: 7-8 g
Kohlenhydrate: 12-14 g
Proteine: 7-8 g

UNGARN

LECSÓ/ LETSCHO (UNGARISCHES SCHMORGERICHT)

Zutaten

- 2 große Paprikaschoten
- (rot und grün)
- 1 mittelgroße Zwiebel
- 2 Tomaten
- 2 EL Paprikapulver
  (edelsüß oder scharf)
- 2 EL Öl
- Salz, Pfeffer
  Optional:
- 2 ungarische Würstchen
  oder Debreciner
- Knoblauch, Chili

Zubereitung

Dünste die gehackte Zwiebel glasig an.

Füge die Paprikastreifen hinzu und brate sie für fünf bis sieben Minuten, bis sie weich sind.

Dann folgen die Tomatenwürfel. Nochmals fünf Minuten köcheln lassen.

Gib das Paprikapulver und Gewürze deiner Wahl gleichmäßig über das Gemüse und lege die Wurstscheiben (falls verwendet) darüber. Weitere fünf Minuten köcheln lassen.

Mit Salz und Pfeffer abschmecken und mit frischem Weißbrot oder Reis servieren.

Nährwerte

Kalorien: 170-190 kcal
Fette: 10-11 g
Kohlenhydrate: 13-15 g
Proteine: 7-8 g

Erste Länderspiele: Die ungarische Nationalmannschaft bestritt ihr erstes offizielles Länderspiel am 12. Oktober 1902 gegen Österreich, das mit 5:0 gewonnen wurde.

Größte Erfolge: Ungarn erlebte seine größten Erfolge in den 1950er Jahren. Sie gewannen bei den Olympischen Spielen 1952 die Goldmedaille und erreichten bei der Weltmeisterschaft 1954 das Finale, das sie gegen Deutschland verloren. Bei der Europameisterschaft erreichte Ungarn das Halbfinale 1964.

Rekordspieler: József Bozsik ist der Rekordnationalspieler Ungarns. Er bestritt 101 Länderspiele für sein Land.

Rekordtorschütze: Rekordtorschütze Ferenc Puskás schoss während seiner Nationalmannschaftskarriere insgesamt 84 Tore für sein Land und ist somit unangefochten die Nummer eins im ungarischen Trikot.

Trainerlegende: Gusztáv Sebes war ein erfolgreicher Trainer der ungarischen Nationalmannschaft in den 1950er Jahren und führte das legendäre "Goldene Team".

KURTOSKALACS
(UNGARISCHE BAUMSTRIEZEL)

Zutaten

- 250 g Mehl
- 125 ml warme Milch
- 50 g Zucker
- 1 Ei
- 50 g Butter
- 1 TL Trockenhefe
- 1 Prise Salz
- 1 TL Vanilleextrakt oder Vanillezucker
- 50 g Zucker

Optional:
- 1 TL Zimt
- Puderzucker zum Bestreuen

Zubereitung

Vermische in einer Schüssel die warme Milch mit der Trockenhefe sowie einer Prise Zucker. Lass die Hefe-Mischung für fünf bis zehn Minuten ruhen.

Gib das Mehl in eine große Schüssel und bilde in der Mitte eine Mulde. Ei, Zucker, geschmolzene Butter sowie Salz und Vanille hinzugeben, dann die Hefemischung einrühren. Alles kneten und für eine Stunde an einem warmen Ort ruhen lassen.

Teig in zwei gleich große Teile trennen und zu Schnüren rollen.

Wickel sie um eine hitzebeständige Stange und drücke sie fest zusammen, damit sie haften bleiben. (Vorsicht: Verbrennungsgefahr)

Dann in einer Pfanne oder im Ofen ausbacken, bis sie knusprig goldbraun sind.

Von der Stange lösen, mit Puderzucker und Zimt bestreuen und heiß servieren.

Nährwerte

Kalorien: 320-340 kcal
Fette: 9-10 g
Kohlenhydrate: 55-57 g
Proteine: 7-8 g

TRAUBENLIMONADE

Zutaten

- 200 g rote Weintrauben
- 500 ml Wasser
- 0,5 Zitrone (Saft davon)
- 2 - 3 EL Zucker
- Eiswürfel zum Servieren
- Optional: frische Minz-
  blätter zum Garnieren

Zubereitung

Halbiere die Weintrauben und mixe sie mit 250 ml Wasser. Anschließend sieben und die Weintrauben gut auspressen.

Restliches Wasser, Zitronensaft und Zucker hinzugeben und gründlich rühren, bis sich der Zucker aufgelöst hat.

Kühl stellen oder mit Eiswürfeln servieren und nach Belieben mit frischer Minze garnieren.

Nährwerte

Kalorien: 70-80 kcal
Fette: <1 g
Kohlenhydrate: 17-19 g
Proteine: <1 g

Lecker, schmecker, Europameister-checker! Nachwort

Lieber Fußballfan,

ich möchte mich bei dir bedanken, dass du mit mir die Reise durch die unterschiedlichen EM-Länder angetreten bist. Ich hoffe auf eine unvergessliche Europameisterschaft und dass du aus dem Buch das ein oder andere Lieblingsrezept mitnehmen konntest. Vielleicht konnte ich dich insgesamt für internationale Küchen begeistern und deinen Speiseplan vielseitiger gestalten.

Ich wünsche dir viel Spaß dabei, künftige EM-Partys auszurichten und dein Lieblingsteam zu verfolgen sowie mitzufiebern. Du hast hoffentlich genauso viel Freude beim Nachkochen, wie ich beim Zusammenstellen der Rezepte.

Mögen die besten Teams gewinnen und die Bäuche prächtig und lecker gefüllt sein.

Mit sportlichen Grüßen,

Alina Wünsche

Aufruf an alle Buchliebhaber

Liebe Leserinnen und Leser,

ich bin Sebastian Wünsche und als Betreiber meines eigenen Buchverlags suche ich immer wieder nach begeisterten Testlesern wie dir, die Lust haben, in die Welt neuer Geschichten einzutauchen.

Als Testleser in meinem Verlag bekommst du regelmäßig die Chance, brandneue Bücher zu lesen. Du erhältst kostenlose Exemplare in Taschenbuch oder PDF-Form und hast somit die einzigartige Gelegenheit, Teil des Entstehungsprozesses zu sein. Deine Meinungen und Feedbacks sind für mich von unschätzbarem Wert, um die Qualität und den Erfolg meiner Bücher sicherzustellen.

Wenn du Interesse hast, in dieses spannende Abenteuer einzusteigen und regelmäßig über unsere neuen Veröffentlichungen informiert zu werden, melde dich bitte unter der im Impressum meiner Website angegebenen E-Mail-Adresse. Ich freue mich darauf, dich in die Welt der Bücher mitzunehmen und gemeinsam mit dir literarische Welten zu erkunden.

Ich kann es kaum erwarten, von dir zu hören und dich als Teil meiner Testleser-Gemeinschaft willkommen zu heißen!

Impressum

Alina Wünsche wird vertreten durch:

Sebastian Wünsche

Bahnhofstraße 20

02742 Neusalza-Spremberg

Email: Buchwurm-Piraten@web.de

Instagram: Buchwurmpiraten

Facebook: https://www.facebook.com/Buchwurmpiraten

Originalausgabe

1. Auflage April 2024

Printed in Poland
by Amazon Fulfillment
Poland Sp. z o.o., Wrocław

34610974R00071